엄마의 수학책

지은이 김미연

14년 차 수학 교사이자 초등학생 쌍둥이 남매의 엄마입니다. 성균관대학교 사범대학 수학
교육과를 졸업하고 중학교에서 5년, 고등학교에서 9년간 수학 교사로 근무했습니다. 현재
시흥고등학교에서 재직 중입니다.

그동안 수학이 두렵고 수학 교육이 어려운 엄마들을 수없이 만났습니다. 또 문제 풀이와
점수 올리기에 지쳐 수학과 멀어지는 학생도 많이 보았습니다. 저자는 아이들이 수학과
친해지려면 먼저 엄마들의 수학 자존감이 높아져야 한다는 사실을 깨달았습니다. 그래서
수학 공부에서 손을 뗀 지 오래된 엄마들의 눈높이에 맞춰 기초 수학 개념을 설명하고, 더
나아가 수학이라는 과목을 통해 얻을 수 있는 삶의 지혜를 공유하고자 이 책을 썼습니다.
그리고 이 책의 그림은 저자의 남편이 그렸습니다. 부디 《엄마의 수학책》이 엄마와 자녀
가 수학과 다시 친해지는 계기가 되었으면 좋겠습니다.

엄마의 수학책

초판 1쇄 발행 2022년 2월 28일

지은이 김미연 | **발행인** 박윤우 | **편집** 김동준, 김송은, 김유진, 성한경, 여임동, 장미숙, 최진우
| **마케팅** 박서연, 신소미, 이건희 | **디자인** 서혜진, 이세연 | **저작권** 김준수, 유은지 | **경영지원** 이
지영, 주진호 | **발행처** 부키(주) | **출판신고** 2012년 9월 27일 | **주소** 서울 서대문구 신촌로3길
15 산성빌딩 5-6층 | **전화** 02-325-0846 | **팩스** 02-3141-4066 | **이메일** webmaster@bookie.
co.kr | **ISBN** 978-89-6051-910-7 03370

만든 사람들
편집 최진우 | **디자인** 이세연 | **조판** 김지희

김미연 지음

엄마의 수학책

수학 좀 아는 엄마가
수학 우등생을 키웁니다

$a^2 + b^2 = c^2$

π

부·키

수학이라는 과목 주변을 맴돌지만, 쉽사리 가까이 다가가지 못하는 부모와 자녀가 많습니다. 오히려 '수포자'라는 안타까운 이름으로 아예 수학에서 멀어지는 경우도 많지요. 그 이유는 여러 가지가 있을 겁니다. 숫자와 문자가 가득한 수식과 자칫 복잡해 보이는 개념들, 외우는 데 급급한 공식들에 지레 겁을 먹는 거지요. 반복적인 단순 문제 풀이는 쉬이 지치고 질리게 만듭니다. 수학적 사고력과 해결 능력보다는 한 문제 더 맞히는 것을 우선하는 교육 현실이나 아이에 대한 부모의 지나친 기대감도 한몫하지요.

그런 의미에서 이 책만의 독특한 매력은 크게 두 가지입니다.

첫째는 엄마의 눈높이에 맞춰 수학 개념을 설명하는 저자의 글입니다. 수학적 개념을 설명하면서 우리네 삶과 가족에 대한 고민이나 성찰을 담는 시도는 매우 새롭고 흥미로웠습니다. 수학이라는 분야를 바라보는 저자의 시각도 신선하거니와 글에서 수학에 대한 진솔한 사랑이 느껴지고 이걸 또 우리의 삶과 엮은 게 참으로 독특하고 창의적입니다.

또 다른 매력은 저자의 남편이 그린 아기자기한 손그림입니다. 설명의 이해를 도울 뿐 아니라 곳곳에 숨은 개그 코드 덕분에 이 책을 읽으면서 몇 번을 미소 짓게 만드는지 모릅니다. 그런 의미에서 여가를 즐기거나 가벼운 수학 교양서를 읽고 싶은 일반 독자들에게도 반드시 권하고 싶습니다.

무엇보다 이 책의 가장 큰 미덕은 독자들이 보다 쉽고 편안한 마음으로 수학과 수학 교육에 다가갈 수 있도록 이끌어 준다는 것입니다. 그리고 수학이 어떻게 '엄마의 무기'가 될 수 있는지 진솔하고 명쾌하게 알려 주고 있지요. 그래서 수학 잘하는 아이로 키우고 싶은 엄마들을 위한 필독서로 손색이 없다는 생각이 듭니다. 누구에게나 기쁜 마음으로 추천할 수 있는 책을 만나 지도 무척 빈깁습니다.

_최영기, 서울대학교 수학교육과 교수, 《이런 수학은 처음이야》저자

차례

7부
확률과 통계: 합리적인 결정을 위한 최고의 무기

엄마의 수학 자존감이 올라야
아이의 수학 성적이 오른다

저는 고등학교 수학 교사로 근무하면서 소위 '수포자' 아이들을 많이 보아 왔습니다. 수업만 시작하면 먼 산을 보거나 고개를 떨구는 아이들이지요. 수학에 대한 아이들의 흥미를 끌어내기 위해 참여형 수업도, 게임 형식을 빌린 수업도 해 봤습니다. 하지만 잠깐의 관심은 오래가지 못하더군요.

'어떻게 하면 아이들이 수학을 포기하지 않고 꾸준히 공부할 수 있을까?' 참 많이 고민했습니다. 그러나 이렇다 할 답을 얻지는 못했지요. 인류 역사의 난제를 어찌 일개 교사가 해결할 수 있겠어요? 하지만 고민의 결과로 저는 한 가지 흥미로운 생각을 가지게 되었습니다.

'우리는 왜 수학을 공부할까? 수학에서 어떤 삶의 지혜를 배울 수 있을까? 혹시 수학 교육의 목표가 단순 성적 올리기로부터 자유로워진다면 수학이 전하는 진정한 메시지를 들을 수 있지 않을까?'

하지만 입시를 전제로 한 교육 현실에서, 성적을 떠나 수학의 본질에만 집중해 보자는 발상은 위선일 수 있습니다. 현실을 반영하지 못한 뜬구름 같은 소리지요. 그래도 말이죠. 혹시 인생이라는 긴 프레임으로 수학 공부를 고민한다면 조금은 편안한 문제가 될 수도 있지 않을까요?

그래서 조급함을 내려놓고 수학 교육의 목적을 바꿔 보기로 했습니다. 우선 필요한 것은 문제를 풀고 답을 찾아야 한다는 압박감에서 한 발짝 물러나 선입견 없이 수학이 전하는 이야기에 귀 기울일 수 있는 마음의 여유였습니다.

엄마의 수학 자존감이 중요하다

저는 아이들의 수학 교육을 고민하며 엄마가 읽는 수학책을 쓰기로 결심했습니다. 왜 하필 엄마일까요? 오스트리아의 동물학자 콘라트 로렌츠의 각인 이론을 들어 보셨나요? 새끼 새가 부화 후 어미를 인식하는 것을 각인이라고 하는데요. 각인은 알에서 태어나 대략 16시간 내에 이루어진다고 합니다. 그 이후에는 아무리 노력해도 각인된 기억을 바꾸기 어렵다고 하디고요.

아이들이 수학의 이미지를 처음 '각인'하는 시기는 대략 초등학교 저학년부터입니다. 상대적으로 엄마의 개입이 많은 시기이기도 하지요. 교육에 관심이 많은 엄마들은 자녀의 학습지를 골라 주거나 학교에서 본 쪽지 시험 결과를 궁금해합니다. 생각보다 약삭빠른 우리 아이들은 이때부터 육감적으로 수학에 대한 이미지를 형성하게 됩니다. 엄마의 표정과 말투를 통해 수학이 자신에게 즐거운 기억이 될지 아픈 기억이 될지 금방 알아차리는 것이지요.

수학에 대한 첫인상.

이렇게 시작된 수학에 대한 각인은 바꾸기 어렵습니다. 단순히 수학을 재미없고 따분한 과목 정도로 받아들이면 그나마 다행일 거예요. 자존감마저 무너지는 경험을 하게 되면 수학 공부에 흥미를 갖기란 거의 불가능합니다. 이처럼 아이에게 있어 수학의 첫인상이 중요한 만큼 그 시기에 영향력이 큰 엄마의 역할도 중요합니다.

그렇다고 오해하지는 마세요. 엄마가 직접 수학 학습을 지도해야 한다는 건 아니니까요. 가족 간의 운전 교습이 대부분 비극으로 끝나듯 엄마가 아이에게 직접 수학을 가르치는 것은 큰 실수가 될 수 있어요. 방금 가르쳐 준 수학 문제 앞에서 연필만 잘근잘근 씹고 있는 아이를 보면 복장 터지지 않을 엄마가 어디 있겠어요? 그러므로 재미있는 엄마표 수학 따위의 환상은 버리셔야 합니다.

수학 일타강사의 비결.

그보다는 수학을 대하는 엄마의 관점과 태도를 먼저 바꿔야 한다고 강조하고 싶어요. 아이에게 수학을 가르쳐야겠다는 생각은 잠시 접어 두고 수학 본연의 이야기에 귀 기울여 보셨으면 해요. 학창 시절의 부담감을 뒤로하고 엄마 스스로, 엄마 먼저 수학을 이해하는 여유를 갖는 거죠.

어쩌면 아이들은 그런 엄마의 모습에서 수학과 긍정적인 관계를 맺을 수 있는 실마리를 찾게 되지 않을까요? 이것이 아이들을 위한 수학 지도서가 아닌, 엄마를 위한 수학책을 쓰게 된 이유입니다.

수학은 어떻게 엄마의 무기가 되는가

다시 한번 강조하지만 이 책은 엄마에게 필요한 수학책입니다. 은 근슬쩍 자녀 손에 쥐여 주실 거라면 아이에게 역공을 당할 수 있으니 주의하세요. 갑자기 숨이 턱 막히신다고요? 안드로메다로 가는 기차 안에서 사이다 없이 삶은 달걀 한 판을 먹는 기분이라고요? 맞습니다. 여러분의 자녀도 매번 수학 시간을 그렇게 보냅니다.

몇 판이나 먹어야 하나?

'나는 학창 시절에 할 만큼 했다. 그런데 이제 와서 엄마로서 다시 수학책을 읽으라니 무슨 말도 안 되는 소리냐?'라는 생각이 들 수도 있습니다. 그렇다면 안 읽으셔도 좋아요. 하지만 수학의 '수' 자만 들어도 고개를 젓는 아이에게 수학의 재미를 느껴 보라고 말하기는 힘들겠지요. 이 책은 자녀가 수학과 좋은 관계를 맺도록 엄마가 먼저 읽는 수학 교육의 첫 단추 같은 책입니다. 수학에 흥미를 느끼는 엄마의 모습을 아이들에게 보여 주는 것만으로도 이 책의 목적은 다한 것이지요.

학창 시절 그토록 싫었던 수학이지만, 이제는 우리 아이를 위해 엄마라는 이름으로 다시 마주하게 되었습니다. 엄마는 자식 앞에 용감한 존재니까요. 그까짓 수학 공부 다시 해 볼 수 있지 않을까요? 한 번이라도 수학의 맛을 본 엄마, 공부하는 엄마가 주는 메시지는 아이에게 훌륭한 가르침이 될 겁니다. 캠퍼스를 누비던 시절, 읽어 본 적은 없지만 옆구리에 낀 것만으로도 그 가치를 다하는 경제학 원서처럼 이 책을 곁에 두는 것만으로도 엄마가 아이들에게 전하려는 메시지는 충분히 전달될 거예요.

중학교 수학이 알파이자 오메가

이 책은 크게 7부로 이루어져 있습니다. 1부에서는 암기, 문제 풀이, 점수 따먹기 위주의 수학 공부가 아이에게 어떤 부정적인 경험을 안겨 주는지 이야기할 거예요. 또 아이에게 맞지 않는 진도와 엄마의 지나친 간섭이 아이에게 수학에 대한 안 좋은 기억과 선입견을 심어 준다는 사실을 확인할 거예요. 그리고 그 안에서 엄마의 올바른 역할을 찾아보겠습니다.

2부에서 7부까지는 중학교 교과 과정을 따라가며 엄마가 반드시 알아야 할 수학적 개념과 의미를 엄마의 눈높이에 맞게 담았습니다. 중학교 과정을 선택한 이유는 중학교가 수학 교육의 허리와도 같기 때문이죠. 고등학교 수학은 중학교에서 배운 내용을 서로 연결하고 응용하는 과정이므로 새롭게 등장하는 것이 거의 없어요. 그만큼 수학 교육에 있어 중학교 과정은 중요하고, 이 책의 목차도 중학교 교과 과정을 따랐습니다. 그렇다고 교과서처럼 공식이나 문제 풀이 방법을 설명하지는 않을 거예요. 엄마들이 입시를 준비하는 건 아니니까요. 그보다 수학이 전하는 메시지가 무엇인지, 우리가 밤새우며 공부했던 수학 기호들이 무엇을 위한 것인지 되돌아보고자 합니다. 학업이라는 전쟁터에서 멀찍이 떨어져 다시 바라보면 수학이 정말로 전하고자 했던 목소리를 들을 수 있을 테니까요.

자, 그럼 수학 좀 아는 엄마가 되어 볼까요?

1부

오늘도 수학 성적으로
내 아이를 다그친
엄마들에게

1장

잔소리 대신
수학 공부하는 모습 보여 주기

자녀의 수학 성적을 위해 엄마가 할 수 있는 것은 몇 개의 잔소리를 절묘하게 돌려쓰는 것뿐입니다. 물론 잔소리의 효과는 그다지 좋지 못하죠. 잔소리 듣던 중학생 딸은 결국 한마디 쏘아붙이며 방문을 걸어 잠급니다. "엄마가 뭘 알아!"

많은 엄마가 학창 시절에 수학과 친하지 않았으면서 자녀에게는 높은 기준을 요구하죠. 지긋지긋한 잔소리에 지친 자녀는 수학의 '수' 자만 들어도 치를 떨고요. 그리고 얼른 졸업하기만 손꼽아 기다립니다. 졸업하고 나면 수학은 먼 나라 전쟁 이야기가 될 테니까요.

그런 아이가 세월이 흘러 결혼을 하고 자식을 낳습니다. 그리고 자기 엄마에게 들었던 잔소리 기술을 자기 자녀에게 똑같이 시전하지요. 이 웃지 못할 수학 교육의 비극은 뫼비우스의 띠처럼 반복됩니다. 도대체 수학이 무엇이기에 절친했던 부모와 자식 사이를 한 편의 아

엄마의 수학책

수학 교육의 뫼비우스 띠.

아이는 엄마를 보고 닮는다

수학 공부는 마치 대한민국 국민이라면 반드시 걸어야 할 고난의 길과 같습니다. 저는 지난 14년간 교단에 서면서 까나리액젓 한 입 미금은 듯한 표정의 아이들과 늘 미주해야 했습니다. 교실에는 입 밖으로 뱉고 싶지만 꾸역꾸역 참는 아이와, 일찌감치 꿀꺽 삼켜 버리고 장렬히 전사한 아이들만 있었지요.

물론 수학이 쉬운 과목은 아닙니다. 보고만 있어도 머리가 어지러

우니까요. 수학 자체로도 힘든데 거기에 엄마의 잔소리까지 더해지면 그야말로 수학은 아이들의 철천지원수가 됩니다. 내 아버지를 죽인 원수보다 조금 더 밉다는 수학과의 악연이 이렇게 시작되는 거죠.

해리가 샐리를 만났을 때는 로맨틱하지만 수학이 잔소리를 만났을 때는 호러가 됩니다. 결국 고3이 다 되었을 때에야 비로소 수포자라며 커밍아웃 한 아들에게 등짝 스매싱을 날리는 것으로, 초중고 12년의 수학 교육은 끝이 나죠.

다시 한번 강조하지만 수학 공부는 쉽지 않습니다. 심지어 재미도 없고, 전혀 실용적이지도 않지요. 그런 수학 공부에 인상 찌푸린 엄마의 얼굴까지 겹친다면 아이들이 어떻게 꾸준히 수학 공부를 해 나갈 수 있겠습니까? 아이의 수학 학습을 위해 엄마가 할 수 있는 것은 잔소리부터 걷어 내는 일이에요. 아이가 수학을 잘하는지 못하는지는

당신을 닮아…

엄마의 수학책

그다음 문제입니다. 최소한 수학에 대한 부정적인 인식만큼은 덜어 주어야 합니다.

잔소리할 시간에 엄마가 수학 공부를 하면 어떨까요? 엄마가 먼저 수학과 친해지면 수학을 보는 아이들의 시선도 달라지지 않을까요?

2장

암기 대신
개념과 배경 이해하기

학습 면담을 하면 아이들은 수학에 대한 불만을 한껏 늘어놓습니다.

"수학책은 외계어 같아요."

"외워야 할 게 너무 많아요."

"재미가 없어서 하기 싫어요."

그나마 이렇게 불평이라도 비치면 노력하는 아이입니다. 이미 '수학은 고이 접어 나빌레라~' 하며 해탈한 아이들도 있으니까요. 물론 다른 과목도 재미없기는 마찬가지겠지만 수학만큼 집단적 히스테리를 일으키는 과목은 없는 것 같습니다. 왜 아이들은 수학이 재미없다고 여길까요?

수학이요?
허허
이제사 무슨 소용이겠습니까?
저는 이미 홍성대씨를
용서하기로 했지요.

홍성대 선생님은 《수학의 정석》을 쓰셨답니다.

암기하는 수학의 한계

시골에서 작은 농장을 운영하는 케빈과 레이철 부부에게는 말괄량이 여섯 살 난 딸 수전이 있었습니다. 어느 날, 소나기가 한 차례 지나간 후 농장은 온통 진흙탕이 돼 버렸습니다. 그날 수전은 진흙이 잔뜩 묻은 신발을 신고 집 안까지 들어오는 사고를 칩니다. 그 이후 케빈과 레이철 가족은 항상 신발을 현관 밖에 벗어 두자고 약속했죠.

한 해가 지나고 수전의 동생 토미가 태어났습니다. 여러 해가 지나 토미가 걸을 수 있게 되자, 토미는 누나를 따라 신발을 현관 밖에 잘 벗어 두었어요. 토미는 그런 기특한 모습 덕분에 엄마 아빠에게 칭찬을 많이 받았습니다. 그렇게 세월이 흘러 케빈과 레이철 부부는 농사를 접고 도시로 이사를 갔습니다. 아스팔트로 정리된 도로와 현대식 아파트가 즐비한 동네였지요. 그런데 이사 첫날, 현관 밖에 신발 한 켤레가 덩그러니 놓여 있었습니다. 그것은 누구의 신발이었을까요?

토미는 왜 신발을 밖에 벗어 두는지 몰랐습니다. 그냥 누나를 따라 한 거죠. 학교에는 토미 같은 아이가 매우 많습니다. 수학 공식을 마냥 암기하는 아이들 말이에요. 물론 이런 방법이 처음에는 크게 문제가 되지 않습니다. 겉으로 봤을 때 개념을 이해하는 아이들과 큰 차이가 없거든요. 오히려 암기한 공식으로 문제를 빨리 풀어서 칭찬을 듣기도 합니다.

하지만 토미 같은 아이들은 중고등 과정에서는 급격하게 한계를 드러냅니다. 왜 그럴까요? 고등학교 수학부터는 응용에 초점을 맞추거든요. 조건을 조금씩 바꾸면서, 공식의 개념을 이해했는지 묻는 문제가 많아집니다. 마치 토미를 도시 아파트, 과수원 농장 집, 어촌 마을로 데리고 다니며 신발을 어디에 두어야 하는지 묻는 것과 같습니다. 태어날 때부터 신발은 현관 밖에 벗어 두어야 한다고 들었던 토미는 왜 이런 질문을 받는지조차 이해하지 못하지요.

수학을 꽤 하던 아이들이 고등학생이 되면 뒤처지는 이유가 바로 여기에 있습니다. 갈수록 떨어지는 수학 성적을 보면 많은 부모님이 안타까움을 숨기지 못합니다. 초중등 성적만 생각하며 우리 애가 변했다고 말씀하시지요. 하지만 그 아이는 조금도 변하지 않았습니다. 수학을 암기 과목으로 생각하는 태도는 항상 똑같았으니까요.

배경을 이해하는 것이 먼저다

케빈과 레이철 가족 이야기를 조금 더 해 보겠습니다. 수전은 신발을 밖에 벗어 두는 규칙의 배경을 충분히 이해하고 있었어요. 집 안을 난장판으로 만들었을 때 꾸지람도 들었고 엄마 아빠와 힘들게 청소했던 기억도 있을 테니까요. 수전은 규칙의 배경을 정확히 알고 자연스럽게 몸으로 배운 셈이지요. 그러니 아스팔트로 포장된 도시 아파트에서는 그 규칙이 같게 적용되지 않음을 쉽게 유추해 냅니다.

여기서 수전은 우리가 알고 있는 과거의 수학자들입니다. 바로 규칙을 만든 사람들이지요. 그럼 토미가 수전처럼 규칙을 이해하기 위해서는 어떻게 해야 할까요? 답은 간단합니다. 왜 이런 규칙이 나왔는지 묻는 거예요. 수학책을 펴면 공식부터 외울 것이 아니라 그 공식을 만든 수학자들의 이야기에 귀 기울여야 하는 거죠.

'원주율 π(파이)는 3.1415926…'을 외우기 전에 적국 병사에게 죽임을 당하는 순간에도 '내 원을 망치지 말라'고 했다는 아르키메데스의 절실함을 엿봐야 합니다. '무리수는 유리수가 아닌 수'라는 말장난을 외우기 전에 무리수의 가능성을 논했다가 살해당한 히파소스 Hippasus의 억울함에 공감해야 하지요.

어떤 수학 개념도 태고부터 존재하지 않았습니다. 누군가에 의해 정의되거나 발견된 것들이에요. 이 규칙을 왜 만들었는지 한 번쯤 그들에게 물어봐야 하지 않을까요?

3장

조급함을 버리면
아이의 수준과 눈높이가 보인다

수학은 하나의 개념에서 다른 개념이 마치 거미줄처럼 파생되어 나오는 학문입니다. 12년의 교육 과정이 마치 하나의 덩어리처럼 연결되어 있다고 봐도 될 정도니까요. 초등학교에서 자연수를 배우고 나면 중학교에서는 유리수와 무리수의 개념이 나와요. 그리고 고등학교에서는 이를 더 확장하여 허수를 배우지요. 수학 개념들은 꼬리에 꼬리를 물고 이어집니다. 그래서 하나의 개념을 정확히 이해하지 못하면 다음 개념으로 넘어갈 수 없어요. 선행 개념이 바탕이 되지 않은 수학 공부는 시간 낭비일 뿐입니다.

조기 교육이 암기 수학으로 이어진다

간혹 진도에 너무 많은 의미를 두어 선행 학습을 강조하는 분들이 있습니다. 중학교 과정을 초등학생 때 모두 떼었다며 넌지시 자랑하시기도 하죠. 마치 다섯 살에《천자문》을, 일곱 살에《사서오경》을 뗀 위인 이야기를 듣는 것 같습니다. 불혹의 나이에도 그 뜻을 깨우치기 힘든《논어》를 일곱 살짜리 아이가 어떻게 읽었을지 모르지만, 나이를 뛰어넘는 진도는 언제나 선망의 대상이 되기에 충분하지요.

7세에 논어를?
양반집 자제라 다르구먼

조기 교육 자체가 잘못된 것은 아닙니다. 수학 개념을 탄탄히 다지면서 공부한다면 열 살 아이가 대학 과정을 공부한들 무엇이 문제겠어요? 하지만 조기 교육이 단지 부모의 조급함에 의한 것이라면 이야기는 달라집니다. 이전 개념을 명확히 이해하지 못한 상태로 다음 개념을 배워야 하는 아이는 결국 암기하는 수학을 할 수밖에 없거든요.

수학 교육의 가장 큰 적은 부모의 조급함

우리 아이는 사칙 연산도 헤매며 천장만 바라보는데 같은 반 친구는 방정식을 풀고 있다고 생각해 보세요. 이 상황에서 평온함을 유지할 수 있는 엄마가 몇이나 될까요? 우리 아이만 뒤처지는 것은 아닌지 불안하겠지요. 괜스레 자녀의 일거수일투족이 답답해 보이고 언성은 점점 높아지겠지요. 안 되겠다 싶어 엄마표 수학을 시작하지만 시작한 지 얼마 지나지 않아 울먹이는 아이 얼굴을 보고서야 제정신을 찾는 경우가 한두 번이 아닙니다.

엄마의 조급함은 당연한 심리입니다. 아이를 사랑하는 만큼 더 조급해지는 게 부모 마음 아니겠어요? 하지만 그 불안을 우리 아이들은 어떻게 받아들일까요? 엄마가 나를 너무 사랑해서 걱정한다고 생각할까요? 아니면 엄마가 나를 자랑스럽게 생각하지 않는다고 느낄까요?

무엇이 더 중요한 가치인지 생각해 볼 필요가 있습니다.

얼마든지 천천히 가도 된다

수학 교육은 초중고 총 12년입니다. 당연히 그 과정에서 모든 아이의 이해 속도가 같을 수 없습니다. 수학적 소질이나 재능에 따라 누구는 조금 더 빨리 이해하고 누구는 조금 늦을 수 있습니다. 하지만 학교 교육 과정은 이런 개인적 차이를 충분히 반영하여 설계되었다는 점을 알려 드리고 싶어요.

이것은 마치 횡단보도 신호등의 점등 시간을 결정하는 문제와 같거든요. 신호등의 청신호가 얼마나 오래 켜져야 하는지 결정할 때 우사인 볼트를 기준으로 하지 않잖아요? 노약자나 어린아이도 충분히 건널 수 있도록 점등 시간을 여유 있게 설정하지요. 학교 교육 과정도 마찬가지입니다. 개인별 속도의 차이를 충분히 고려해서 학습 커리큘럼과 기간을 정한 거예요. 그러니 너무 걱정하실 필요 없습니다. 주변 이야기에 흔들리지 말고 아이의 수준에 맞게 동행하면서 하루하루의 발전을 응원해 주세요. 그러다 보면 12년 교육 과정에서 아이가 필요한 모든 지식을 무난하게 습득할 수 있습니다.

애들아, 하나씩 밟아도 충분히 건널 수 있단다!

4장

수학은 더 큰 세상과 소통하기 위한 언어

'국영수'는 마치 하나의 단어로 들릴 정도로 단짝처럼 묶여 학창 시절 내내 우리를 괴롭힙니다. 그런데 궁금하지 않으세요? 왜 국영수는 언제나 한 세트로 다닐까요? 국어나 영어가 하나의 그룹으로 묶이

넌 좀 아닌 것 같은데?

는 것은 이해가 갑니다. 둘 다 언어 과목이니까요. 하지만 수학은 왜 거기에 끼어 있는 거죠? 그 이유는 수학도 언어이기 때문이에요.

수학이 언어라는 주장에 의아할 수 있겠지요. 하지만 곰곰이 생각해 보면 수학은 언어의 특징을 모두 가지고 있습니다. 다른 언어와 마찬가지로 공통의 규칙으로 이루어져 있고, 수학 기호들은 미국이나 유럽이나 같게 인식되지요. 우리는 수학이라는 규칙을 통해 서로 지식을 교환하고 생각을 발전시킬 수 있습니다. 그러니 수학은 국어나 영어와 전혀 다를 바 없는 언어입니다. 굳이 차이가 있다면 이공계열 분야에 조금 더 특화된 언어 체계라고 할 수 있겠지요. 하지만 이것도 과거에나 적용되던 이야기입니다. IT의 발달로 인해 이제는 문과, 이과 가릴 것 없이 모두에게 중요한 언어가 되었으니까요.

수학은 장래를 위한 언어이자 수단

우리는 언어를 통해 지식을 배우고 생각을 표현할 수 있습니다. 인류의 역사와 함께 쌓아 온 지식과 경험을 언어라는 매개체를 통해 습득할 수 있는 거지요. 국영수는 그 자체로 지식이라기보다는 배움을 위한 일종의 학습 수용체라고 할 수 있습니다. 이것이 초중고 정규 교육에서 국영수를 그토록 강조한 이유예요. 고등학교까지 교육은 지식을 받아들이는 데 필요한 최소한의 조건을 갖추는 과정인 셈이지요. 그러니 고등학교 졸업은 공부의 끝이 아닙니다. 진짜 공부를 하기

국영수는 지식의 통로일 뿐.

위한 준비를 마쳤다는 것이 더 옳은 표현이겠지요.

하지만 안타깝게도 많은 아이가 고등학교 졸업 이후 손 하나 까딱할 힘도 없습니다. 국영수에만 모든 에너지를 쏟아부었으니까요. 마치 열심히 밀가루 반죽만 하고 정작 빵은 굽지 않는 것과 마찬가지죠.

물론 이런 교육 현실을 바꾸기는 쉽지 않습니다. 대학 진학을 목표로 하는 아이들이 서로 경쟁할 수밖에 없는 환경임은 분명하니까요. 그래도 소망이 있다면 저는 아이들이 수학을 그저 '수단' 정도로 받아들였으면 합니다. 더 큰 꿈은 수학 너머에 있다는 사실을 알려 주고 싶어요. 수학은 그 꿈을 이루기 위해 지나야 할 터널일 뿐이니까요. 지금 당장은 답답하고 불안하겠지만 수학을 더 유연하게 받아들이고 수학 그 자체보다는 세상의 진리에 귀 기울이는 성인으로 자랐으면 합니다.

굳이 그 꿈이 대학 공부에 있을 필요도 없습니다. 우리가 인생을 살아가는 것 자체가 공부 아닐까요? 인생은 사람을 만나고 생각을 공유하고 늘 배우는 것이니까요. 비록 그 과정에서 수학 기호는 사용하지 않겠지만 수학이 가진 논리적 사고는 우리의 판단을 조금 더 예리하게 만들어 줄 수 있답니다.

2부

수와 연산

: 엄마에게 숫자 머리가 필요한 순간

1장

진법
누가 십진법을 당연하다고 했는가?

훈계하기 좋아하는 사람과 대화를 하다 보면 살짝 비꼬는 어투로 '당연하지 않냐?'고 말하곤 합니다. 자기 생각이 옳고 상대방은 틀렸다는 속내가 숨어 있지요. 그러나 '당연'은 그런 뜻이 아니에요. 오히려 상대의 입장을 존중하는 미덕을 품고 있거든요.

국어사전에서 '당연'은 '일의 앞뒤 사정을 놓고 볼 때 마땅히 그러하다'라고 정의합니다. 그러니 상대의 입장을 먼저 들어봐야 해요. 그러면 마땅히 그럴 만한 이유가 꼭 있더라고요.

세상에 당연한 진법은 없다

우리는 수를 센다고 하면 으레 1부터 10을 생각합니다. 어린 자녀에게 수를 가르칠 때도 마찬가지입니다. 너무도 당연하게 1부터

10까지 세는 법을 먼저 익히게 하지요. 이것은 10을 한 세트로 보는 십진법인데요. 왜 우리는 십진법을 쓸까요? 십진법은 정말 당연한 걸까요?

학생들에게 고대 바빌로니아 사람들은 육십진법을 썼다고 하면 피식 웃습니다. 당연히 십진법이 편리한데 뭐하러 60까지 한 세트로 봤는지 의아한 거지요. 몇몇 아이는 기원전 2000년 전이니 수학이 발달하지 못해서일 거라고 생각합니다. 정말 바빌로니아 사람들은 '수 알못'이라서 육십진법을 사용했을까요? 그들의 앞뒤 사정을 한번 들어 봅시다.

두 손으로 셀 수 있는 수

두 손으로 셀 수 있는 제일 큰 수는 10입니다. 손가락이 10개니까

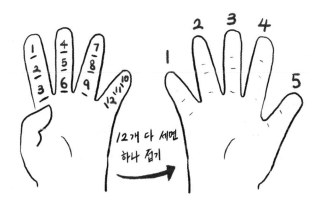

바빌로니아인들의 수 세기.

요. 그러나 바빌로니아인들은 거기서 멈추지 않았어요. 두 손으로 60까지 세는 방법을 고안한 거지요.

자, 두 손을 펼쳐 보세요. 우선 왼손을 이용해 12까지 세어 봅시다.

손가락을 잘 보면 엄지손가락을 제외하고 손가락마다 3개의 마디가 있습니다. 이 마디를 엄지손가락으로 하나씩 짚어 가며 수를 세 볼게요. 그러면 딱 열두 마디가 돼요.

> ### 4개 손가락 × 3개 마디 = 12마디

이렇게 다 세고 나면 오른 손가락을 하나 접는 거예요. 그렇게 다섯 손가락을 다 접을 때까지 세면 60까지 셀 수 있습니다.

> ### 12개 마디 × 5개 손가락 = 60개

놀랍지 않나요? 손가락 10개로 60까지 표현할 수 있다니요.

나누기가 쉬워진다

바빌로니아인들의 육십진법은 나누기에서 그 위력을 발휘하죠. 예를 들어 사과 한 상자가 10개 포장인 경우와 60개 포장인 경우를 각각 비교하면 알 수 있어요. 사과 한 상자를 열어 사람들에게 나누어 준다고 하면 10은 나누기가 어렵지만 60은 쉽게 나누어지거든요. 예를 들어 4명에게 나누는 상황을 생각해 보면 10개 포장은 2.5개씩 나누어 줘야 하지만 60개 포장은 15개씩 나누어 줄 수 있는 거죠.

사람 수	10개 묶음	60개 묶음
2	5	30
3	3.33333…	20
4	2.5	15
5	2	12
6	1.66666…	10

물론 분수의 개념을 알면 사과를 잘라서 나눠 줄 수도 있겠지요. 하지만 현실에서 분수는 쉽지 않아요. 저도 분수를 알지만 딸과 아들에게 사과를 반으로 나눠 주기는 포기했거든요. 어떻게 나누어도 공평하지 않더라고요.

공평한 나누기는 비현실적이야.

천체의 비밀과 연결되다

바빌로니아인들은 1년이 360일이라고 생각했습니다. '하하, 바보들. 365일인데…'라고 생각할 수도 있지요. 하지만 만약에 우리가 허허벌판에서 태어나 어떤 교육도 받지 못했다면 1년이 365일이라고 알 수 있을까요? 아마 지구가 둥글다는 생각도 못 할걸요?

아무튼 바빌로니아인들은 1년을 360일로 봤고 이 수가 60의 배수로 딱 들어맞으니 60이라는 숫자가 얼마나 신성해 보였겠어요. 우주의 신비가 60이라는 숫자에 담겨 있는 것처럼 보였을 거예요. 이쯤 되면 육십진법을 사용하지 않을 이유가 없겠죠?

천체의 신비를 담은 육십진법.

일상 곳곳에서 쓰이고 있는 육십진법

사실 우리는 지금도 육십진법을 쓰고 있어요. 바로 시계에 말이죠.

60초를 1분, 60분을 1시간으로 보고 있으니까요. 각도를 잴 때 원의 한 바퀴를 360°로 표기하는 각도법을 육십분법이라 부르기도 하지요. 듣고 보니 어떠신가요? 육십진법이 당연해 보이지 않나요?

그런데도 지금 우리는 십진법을 씁니다. 아무리 뭐라고 해도 손가락 10개가 이해하기 쉽잖아요. 듣고 보면 십진법도 당연하지요. 이진법, 오진법, 십진법, 십이진법, 육십진법 등 인류의 역사 속에는 숫자 체계가 여럿 공존합니다. 하지만 중요한 것은 모두 수를 헤아리고 싶었던 욕망에서 출발했다는 점이에요. 정량화에 대한 인간의 갈망, 그것이 수의 본질인 거죠. 수학에는 그 어느 것도 당연하지 않은 게 없더군요.

지구인들은 10진법을 쓴다고?
8진법이 당연한 것 아냐?
미개한 종족이군.

꼰대 행성의 내로남불족.

컴퓨터는 이진법이 당연하다

컴퓨터가 0과 1로만 이루어진 이진법을 쓴다고 하면 이렇게 질문하는 아이들이 있습니다. '컴퓨터가 사람보다 똑똑한데 이왕 가르칠 거면 10까지 가르치지 왜 0과 1만 가르쳤어요?'

그 이유는 간단합니다. 사람이 10개의 손가락으로 수를 셈하기 편하듯 컴퓨터 입장에서는 이진법이 편리하거든요. 컴퓨터 반도체는 트랜지스터라는 소자들로 이루어져 있는데요. 트랜지스터는 일종의 밸브와 같아서 전류를 흐르게 할 수도 있고 차단할 수도 있습니다. 그리고 각 트랜지스터에는 전자를 담을 수 있는 주머니, 즉 커패시터가 있는데요. 밸브를 열어서 주머니를 전자로 채우면 1, 전자가 없으면 0으로 보는 거지요.

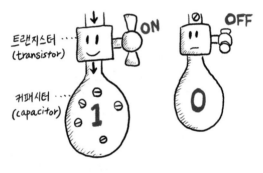

컴퓨터가 수를 세는 법.

전기를 이용하는 컴퓨터는 전자가 담긴 상태와 전자가 없는 상태로만 정보를 표현할 수 있기 때문에 컴퓨터는 이진법이 더 편했던 거예요. 결국 수의 체계는 수를 다루는 사람이 편리한 방향으로 결정될 뿐 절대적인 기준은 없습니다.

2장

소수
수를 만드는 재료가 있을까?

우연히 들른 식당에서 맛있는 음식을 발견하면 감탄사처럼 튀어 나오는 말이 있습니다.

"여기 뭘 넣은 거지?"

음식에 관심이 있는 사람이라면 으레 재료와 레시피가 궁금해지기 마련이지요. 수학자들도 마찬가지입니다. '수數'의 발견 뒤에 궁금했던 것은 재료였습니다. 수는 어떤 재료로 만들어졌을까요? 수를 쪼개고 쪼개면 더는 쪼개지지 않는 수의 재료가 있지 않을까요? 어떤 수의 근본이 되는 수가 바로 '소수素數'입니다.

많은 아이가 소수素數와 소수小數를 헷갈립니다. 한글로는 똑같이 쓰니 그럴 만하지요. 하지만 둘의 의미는 달라요. 소수小數는 0.1, 0.2 같이 소수점이 있는 수를 말하고, 소수素數는 '본디 소' 자를 써서 근본이 되는 수라는 의미입니다. 영어로는 'Prime Number'라고 하죠.

더 이상 쪼개지지 않는 소수

소수는 근본이 되는 수이기에 더는 쪼개지지 않습니다. 쪼개지지 않는다는 표현을 조금 더 수학적으로 표현하면 '1과 자기 자신 외에는 나누어지지 않는다'라고 하지요. 예를 들어 2는 1과 자기 자신 2로만 나누어지기 때문에 소수입니다. 반면에 4는 1과 자기 자신 4로 나눌 수 있지만 2로도 나눌 수 있으므로 소수가 아니에요.

$$2 = 1 \times 2 \rightarrow 2는 소수$$
$$4 = 1 \times 4 = 1 \times 2 \times 2 \rightarrow 4는 합성수$$

즉, 2가 음식의 재료라면 4는 2를 재료로 삼아 만들어 낸 요리와 같습니다. 재료는 소수, 요리는 합성수에 해당하지요.

재료가 좋으면 맛도 좋다.

같은 방식으로 10까지 소수를 찾아보면 이렇습니다.

$2 = 1 \times 2 \rightarrow$ 소수

$3 = 1 \times 3 \rightarrow$ 소수

$4 = 1 \times 4 = 1 \times 2 \times 2 \rightarrow$ 합성수

$5 = 1 \times 5 \rightarrow$ 소수

$6 = 1 \times 6 = 1 \times 2 \times 3 \rightarrow$ 합성수

$7 = 1 \times 7 \rightarrow$ 소수

$8 = 1 \times 8 = 1 \times 2 \times 2 \times 2 \rightarrow$ 합성수

$9 = 1 \times 9 = 1 \times 3 \times 3 \rightarrow$ 합성수

$10 = 1 \times 10 = 1 \times 2 \times 5 \rightarrow$ 합성수

결국 2, 3, 5, 7은 소수이고 4, 6, 8, 9, 10은 소수의 곱으로 만들어진 합성수예요.

소인수 분해의 결과는 유일하다

이떤 수를 소수의 곱으로 표현하는 것을 소인수 분해라고 합니다. 소인수 분해는 일종의 요리 레시피와 같은 셈이지요. 수의 재료들을 한눈에 볼 수 있으니까요. 예를 들어 12를 소인수 분해하면 $2^2 \times 3$으로 쓸 수 있는데요. 이것은 2가 2개, 3이 1개가 있으면 12를 만들 수

있음을 말합니다.

12의 소인수 분해 레시피.

그런데 소인수 분해에는 한 가지 특징이 있어요. 맛집의 특급 비밀 레시피가 여러 개일 수 없듯 같은 수에 대해서 소인수 분해의 결과도 유일해야 한다는 것입니다. 이것을 '소인수 분해의 일의성'이라고 하는데요. 쉽게 말해 12를 소인수 분해하면 철수가 하든 영희가 하든 그 수의 재료를 똑같이 표기해야 한다는 거죠.

1은 과연 소수일까?

분명 소수의 정의만 보자면 1은 소수입니다. 1은 1과 자기 자신으로만 나눌 수 있으니까요.

$$1 = 1 \times 1$$

그러나 1을 소수로 인정하게 되면 소인수 분해의 일의성이라는 측면에서 약간의 혼선이 있게 됩니다. 예를 들어 12를 소인수 분해할 때 $1 \times 2^2 \times 3$으로 써야 할까요? 아니면 $1^2 \times 2^2 \times 3$으로 써도 되는 걸까요?

1이 수의 재료가 되면 복잡해져.

그래서 수학자들은 1956년 이후 여러 논쟁 끝에 1을 소수에서 제외하기로 합니다. 일반인이 보기에는 이러나저러나 큰 차이가 없어 보이긴 하지만 논리의 결벽증을 가진 수학자들에게는 소수 1이 눈엣가시처럼 보였던 거지요.

소인수 분해의 일의성 때문에 음수도 소수가 될 수 없어요. 만약 음의 정수도 소수로 인정한다면 12를 소인수 분해할 때 $(-2) \times (-2) \times 3$

으로 쓸 수도 있기 때문입니다.

$$12 = 2 \times 2 \times 3 = (-2) \times (-2) \times 3 = (-2) \times 2 \times (-3) = \cdots$$

이 또한 소인수 분해의 일의성에 어긋나죠. 소수의 범위를 '1을 제외한 양의 정수'로 한정하는 이유가 바로 여기에 있습니다.

인생사 새옹지마 아니겠어요?

세상에 소수는 몇 개나 있을까?

수의 재료인 소수는 이 세상에 총 몇 개가 있을까요? 우선 10까지 범위에서는 2, 3, 5, 7, 총 4개의 소수가 있었고요. 100까지는 총 25개의 소수가 있다고 하죠. 그럼 범위를 늘려 1000까지는 몇 개의 소수가 있을까요? 1만까지는요? 무한대로 그 범위를 확장해 보면 과연 소수는 몇 개나 있을까요?

기원전 300년경 고대 그리스의 수학자 유클리드가 이 질문에 이렇게 답합니다.

'소수의 개수는 무한하다.'

유클리드의 말대로라면 소수를 찾는 행위는 무의미합니다. 억겹의 세월이 흘러도 모두 찾을 수 없을 테니까요. 그럼에도 불구하고 수학자들은 이 '끝판왕' 없는 게임에서 손을 떼지 못합니다. 소수에 대한 궁금증은 더해져만 갔고 자연스럽게 누가 더 많은 소수를 찾는지에 대한 관심으로 이어졌습니다.

에라토스테네스의 체

에라토스테네스의 체Sieve of Eratosthenes는 소수를 찾는 방법 중 가장 직관적인 방법이 아닐까 합니다. 여기서 체는 일종의 거름망을 의

탈탈 털면 소수만 남겠지?

미하지요.

  에라토스테네스가 어떻게 소수를 찾았는지 볼까요? 여기 20까지
수 중에서 소수를 찾아보겠습니다. 우선 1부터 20까지 순서대로 적
힌 숫자판을 만듭니다. 이 판이 일종의 체와 비슷한 역할을 할 거예
요. 나중에 탈탈 털고 나면 소수만 남을 테니까요.

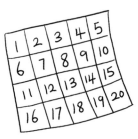

칸마다 숫자를 채우고…

  우선 1은 소수가 아니니까 지웁니다. 그다음 2를 남겨 두고 2의 배
수들을 모조리 지워 버립니다. 어떤 수의 배수라는 말은 소수가 아니
라는 말과 같으니까요.

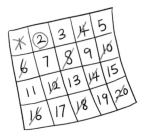

하나씩 지워 나가다 보면…

　　　　　　　　　　　　　　　　　엄마의 수학책

그다음 수는 3이 보이네요. 이제 3은 그대로 두고 3의 배수들을 모조리 지워 버리죠.

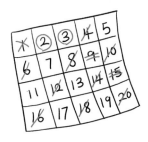

자, 소수만 남았다!

같은 방식을 반복하며 배수들을 모두 지우면 결국 숫자판 위에는 소수만 남게 됩니다. 에라토스테네스의 체는 큰 종이와 펜, 그리고 시간만 있으면 누구나 소수를 찾을 수 있는 간단한 방법이지요.

하지만 이 방법은 큰 단점이 있습니다. 소수의 크기가 커질수록 어마어마한 노동력이 투입되어야 했거든요. 여기서는 20까지의 숫자판을 사용했지만 더 큰 소수를 찾기 위해 10억까지 적힌 숫자판을 사용한다고 상상해 보세요. 배수 지우는 데에만 며칠이 걸릴 거예요. 졸다가 잘못 지울 수도 있고요.

에라토스테네스의 체는 분명 소수를 찾는 데 가장 확실한 방법입니다. 하지만 더 큰 소수를 찾는 일이 단지 노동의 양에 따라 결정된다는 점은 자존심 센 수학자들에게 그다지 매력적이지 못했지요. 그래서 에라토스테네스 이후 17세기까지 소수를 찾는 연구는 그다지 발전하지 못했습니다.

말 시키지 말랬잖아!

소수를 찾는 규칙은 없을까?

수학자들은 소수 사이에 어떤 특별한 규칙이 있을 수 있다고 생각했습니다. 만약 그 규칙을 알아낸다면 거대한 크기의 소수들도 쉽게 찾을 수 있을 것만 같았지요. 소수를 찾아내는 공식 중 페르마 소수 Fermat Number와 메르센 소수 Mersenne Number를 소개해 볼까 합니다.

나름 괜찮았던 페르마 소수

페르마 소수는 과학 잡지에서 한 번쯤 접해 보셨을 것 같은데요. 피에르 드 페르마는 n이 0 또는 자연수(1, 2, 3…)일 때, 2를 '2의 n승'으로 제곱하고 1을 더하면 그 수는 소수가 된다고 말했습니다.

페르마 소수 : $2^{2^n}+1$, n은 0 또는 자연수

여기서 한 가지 오해하지 않으셨으면 하는 것이 있어요. 페르마 소수가 모든 소수를 순차적으로 계산해 주는 공식은 아니라는 거예요. 페르마 소수의 공식으로 계산된 값이 소수일 가능성이 크다는 의미이지, 모든 소수를 빠짐없이 계산해 주는 만능 규칙은 아니라는 거죠.

n	페르마 소수		소수인가?
0	$2^{2^0}+1=3$	소수	
1	$2^{2^1}+1=5$	소수	
2	$2^{2^2}+1=17$	소수	
3	$2^{2^3}=257$	소수	
4	$2^{2^4}=65,537$	소수	
5	$2^{2^5}+1=4,294,967,297$	합성수	4,294,967,297 $= 641×6,700,417$
6	$2^{2^6}+1=$ 18,446,744,073,709,551,617	합성수	18,446,744,073,709,551,617= 274,177×67,280,421,310,721

페르마의 수는 꽤 설득력이 있었습니다. n에 0, 1, 2, 3, 4…와 같

이 순차적으로 대입해 보면 페르마 소수로 계산된 값들이 정말 소수였거든요. 그러나 이내 한계가 드러납니다. $n=5$일 때 페르마의 수는 4,294,967,297이 되는데요. 나중에 알고 보니 이 수는 소수가 아니라 두 수의 합성수였거든요. $n=6$일 때도 페르마의 수는 소수가 아니었습니다. 이후 수학자들은 n을 계속 증가시키며 페르마 소수를 계산해 보았지만 역시 소수가 아니었어요.

소수의 규칙을 찾겠다는 페르마의 아이디어는 나름 참신했지만 거대 소수를 찾기에 다소 부족한 면이 있었던 거죠.

거대 소수 찾기는 어려워.

거대 소수에 효과적인 메르센 소수

소수를 찾기 위한 공식으로 메르센 소수도 꽤 유명합니다. 프랑스의 메르센은 2를 소수 $p(2, 3, 5, 7\cdots)$로 제곱한 후 1을 빼면 그 수가 소수일 가능성이 크다고 했는데요.(2^p-1, p는 소수)

엄마의 수학책

p	메르센 소수	소수인가?	
2	$2^2-1=3$	소수	
3	$2^3-1=7$	소수	
5	$2^5-1=31$	소수	
7	$2^7-1=127$	소수	
11	$2^{11}-1=2047$	합성수	$2047=23×89$
13	$2^{13}-1=8191$	소수	
17	$2^{17}-1=131071$	소수	

물론 메르센 소수도 완전하지는 않습니다. p가 11일 때 메르센 소수는 2047이 되는데요. 이 수는 23과 89의 합성수거든요. 하지만 메르센 소수는 거대 소수를 찾는 데 페르마 소수보다 훨씬 강력한 도구

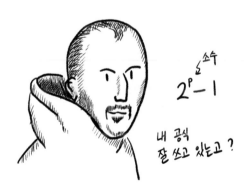

페르마 아우보단 내가 낫지?

로 알려져 있습니다. 페르마 소수와 달리 메르센 소수로는 지금도 꾸준히 거대 소수를 발견하고 있거든요.

소수 찾기는 결승선 없는 마라톤

에라토스테네스와 메르센은 방식은 달랐지만 목적은 하나였습니다. 수의 재료를 알고 싶은 마음이었지요. 지금도 수학자들은 슈퍼컴퓨터까지 동원하며 거대 소수를 찾기 위한 시도를 계속하고 있습니다. 왜 수학자들은 이토록 소수 찾기에 매달릴까요? 어차피 다 찾지도 못할 소수에 왜 집착할까요? 이 의문에 딱히 답을 내리기는 어려울 것 같습니다.

다만 영국의 산악인 조지 허버트 리 맬러리George Herbert Leigh Mallory 의 명언에서 힌트를 얻어 볼 수 있지 않을까요? 도대체 산에 왜 오르냐고 묻는 기자에게 맬러리는 '산이 있어 그곳에 오른다'라고 말했죠. 소수도 마찬가지입니다. 수학자들은 그저 수의 본질을 알고 싶었을 뿐이고 그곳에 소수가 있었던 거지요.

사람의 마음이 꼭 이유가 있어서 움직이는 것은 아니잖아요?

3장

분수
0과 1 사이에는 어떤 수가 있을까?

수라고 하면 으레 1, 2, 3, 4…와 같은 자연수를 떠올리게 됩니다. 사과를 셀 때도 1개, 2개, 잠이 오지 않는 밤에 양을 셀 때도 1마리, 2마리 하고 세지요. 하지만 우리에게 익숙한 정수들 사이에는 무엇이 있을까요? 수학자들은 정수와 정수 사이, 그 아득한 미지의 세계

정수 사이에 대체 뭐가 있을까?

가 궁금했습니다.

유한한 길이 안의 무한한 점들

자, 무한 버스에 올라타세요!

여기 버스 한 대가 있습니다. 버스의 이름은 '무한 버스'예요. 왜 무한 버스냐고요? 버스 안 공간은 분명 한정적인데 무한히 많은 사람이 탈 수 있거든요. 물론 말이 안 되지요. 하지만 재미 삼아 몇 가지 가능한 방법을 생각해 볼까요?

우선 사람이 종잇장처럼 얇아지는 방법이 있을 거예요. 그러면 정말 많은 사람이 탈 수 있을 테니까요. 버스에 약 2000상자의 A4 용지를 실을 수 있다고 하면 대략 500만 명이 탈 수 있을 거예요. 하지만 여전히 무한한 사람이 탑승하기는 힘들겠군요.

이번에는 사람이 먼지처럼 작아지는 경우를 생각해 볼게요. 물론 종이보다 많은 사람이 탈 수 있겠지만 역시 무한한 사람은 어려울 것 같습니다. 티끌도 모이면 태산이라고 하니까 언젠가는 버스 안을 가득 채우고 더는 탑승하지 못하는 때가 오겠지요. 한정된 공간 안에 무한히 많은 사람이 타려면 결국 사람의 부피는 0이 되어야 한다는 결론에 이릅니다. 그야말로 버스에 타자마자 사라져야 하는 거죠.

얇아지기 ?　　　티끌만해지기 ?　　　사라지기 ?

어디까지 작아져야 만족할까?

버스 안에 타자마자 사람들이 사라진다? 그렇다면 버스 안에 무한히 많은 사람이 있다는 것은 아무도 없다는 의미와 무엇이 다를까요? 무한히 많이 존재하지만 결국 아무것도 존재하지 않는다는 역설, 이것이 0과 1 사이에서 벌어지는 일입니다.

0과 1 사이를 잇는 선은 무한히 많은 점으로 이루어져 있는데요. 그렇다면 선 안에 점들이 존재한다고 봐야 할까요, 아니면 존재하지 않는다고 봐야 할까요? 생각하면 생각할수록 안드로메다에 가까워지고 있는 느낌이 듭니다.

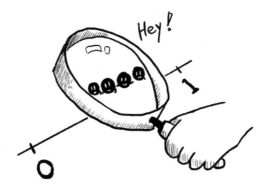

선 안의 점들은 무한해.

무한한 점들에 이름을 붙일 수 있을까?

수학자들은 0과 1 사이의 점들에 이름을 붙여 주고 싶었습니다. 그러나 무한히 존재하면서도 한편으로는 존재 자체를 알기 어려운 점들에 이름까지 붙인다는 것은 엄두가 나지 않았지요. 점들을 일렬로 세워 두고 첫 번째 점, 두 번째 점, 같은 식으로 부를 수도 없는 노릇이

1 뒤에 점, 그 뒤에 점, 또 뒤에 점.

고요.

수학자들은 결국 모든 점에 이름 붙이기를 포기합니다. 대신 새로운 작명 체계를 만들어 내죠. 점마다 이름을 붙이는 것이 아니라 어느 특정 위치에서 관찰된 점에게 이름을 붙이는 방법입니다.

콕 짚어 너에게 이름을 붙여 줄게.

바로 분수分數예요. 분수는 나누어 셈한다는 의미가 있는데요. 예를 들어 유한한 길이의 선을 10등분한 후 7번째 위치에서 관측된 점에게 $\frac{7}{10}$이라고 이름을 붙여 주는 방식이지요. 그 점이 원래부터 거기 있었는지 없었는지는 전혀 중요하지 않아요. 내가 관찰했을 때 그곳에 있었다면 그 점은 $\frac{7}{10}$입니다.

분수의 자명법을 사용하면 어떤 점이든 모두 이름을 지어 줄 수 있을 것 같았습니다. 무한에 가깝게 나눈 후 위치를 셈하면 될 테니 정수와 정수 사이의 수는 모두 분수로 나타낼 수 있다고 생각했지요(물론 이 생각은 틀렸습니다. 분수로 표현할 수 없는 수도 있거든요. 4장에서 다루어 보죠).

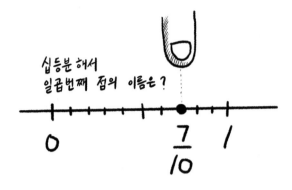

그래, 분수는 작명법이야!

분수란 체계적인 작명법

분수는 0과 1 사이의 수들에게 이름을 붙여 주는 매우 체계적인 작명법입니다. 다만 흥미로운 것은 자연수처럼 순서에 초점을 맞춘 작명법이 아니라 특정 위치에서 관찰된 점에게 이름을 붙여 주는 새로운 개념의 작명법이지요.

어쩌면 분수는 수학자들이 수에게 바치는 선물이 아닌가 싶어요. 처음에는 존재조차 알 수 없었던 수들에게 하나하나 이름을 지어 줄 수 있게 되었으니까요. 0과 1 사이의 수들은 분수를 통해 이름을 얻게 되었고 한 떨기 아름다운 꽃으로 만발할 수 있게 된 거죠.

분수를 소수小數로 나타내 이름 붙일 수도 있습니다. 예를 들어 $\frac{1}{2}$은 0.5, $\frac{1}{4}$은 0.25처럼요. 그러면 0.333333…처럼 무한히 뻗어 나가는 수

내가 너의 이름을 불러 주었을 때…

는 어떻게 분수로 표현할까요? 이렇게 특정 패턴이 반복되는 소수를 순환 소수라고 하는데요. 순환 소수도 쉽게 분수로 표현할 수 있습니다. 반복되는 패턴의 자릿수만큼 9를 이어 붙여서 나누면 돼요.

0.4545… 같은 순환 소수는 '45'가 계속 반복되잖아요? 그럼 45를 99로 나누는 거죠. 이쯤 되면 정말 모든 수를 분수로 표현할 수 있을 것 같죠?

$$0.4545\cdots = \frac{45}{99}$$

$$0.135135\cdots = \frac{135}{999}$$

$$0.12341234\cdots = \frac{1234}{9999}$$

4장

무리수
분수로도 표현할 수 없는 수가 있다?

우리는 분수를 통해 정수와 정수 사이의 수들에 이름을 붙일 수 있었습니다. 분수만 있다면 세상의 모든 수를 표현할 수 있을 것만 같았지요. 나누어 셈하는 방법은 직관적이기도 해서 사람들이 이해하고 사용하기도 좋았어요.

너무도 완벽했습니다. 수의 세상은 풍요와 안정 그 자체였지요. 분수에 대한 믿음이 와장창 무너지는 그 일이 발생하기 전까지는요.

정체불명의 수와 히파소스의 비극

피타고라스 학파Pythagorean는 모든 수를 정수의 비, 즉 분수로 표현할 수 있다고 믿었어요. 그만큼 분수라는 작명법은 강력해 보였습니다. 그런데 피타고라스의 제자 히파소스가 의문을 제기합니다. 재난 영화를 보면 꼭 이런 사람이 등장하잖아요? 모두가 평안할 때 홀로 거대한 해일이나 운석 충돌을 예견하는 사람 말이에요. 영화에서는 이런 사람들이 끝까지 살아남아 의미심장한 눈빛을 관객에게 던지지만 안타깝게도 히파소스는 극 초반에 살해당합니다. 단지 한 변의 길이가 1인 정사각형에서 대각선의 길이가 얼마냐고 물었다는 이유 때문에요.

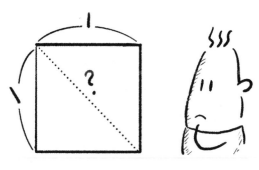

난 왜 이런 게 궁금하지?

처음에는 가벼운 문제로 보였습니다. 한 변의 길이가 1인 정사각형은 2개의 직각 삼각형으로 나누어 볼 수 있거든요. 직각 삼각형 하면 무엇이 떠오르세요? 피타고라스 학파의 스테디셀러, 피타고라스의 정리가 있잖아요.

즉, 빗변의 길이는 제곱해서 2가 되는 수였습니다. 히파소스의 질문은 피타고라스 학파에게는 기초 중의 기초로 보였을 거예요. 그러나 머지않아 사람들은 공포에 휩싸입니다. 대각선의 길이는

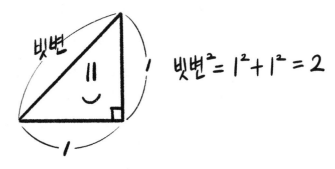

피타고라스의 정리.

1.414213562373095…로 무한히 뻗어 나갔거든요. 소수점 아래로 끝날 듯 끝나지 않는 수는 많은 수학자를 당혹하게 만들었습니다.

분명 눈으로 보기에 정사각형의 대각선 길이는 유한합니다. 선의 끝과 끝이 만나는 게 보이니까요. 그러니 당연히 그 길이를 나타낸 수도 특정할 수 있어야 하지 않나요? 그런데 소수점 아래로 수가 끝이 없는 거예요. 특별히 반복되는 패턴도 없어서 순환 소수로 만들 수도 없었어요. 피타고라스 학파는 대각선의 길이를 분수로 만들 수 없다는 사실이 믿기지 않았어요. 도대체 이 수를 어떻게 불러 줘야 할까요? '김수한무 거북이와 두루미…'처럼 부를 수도 없는 노릇이고요.

과연 특정할 수 없는 수는 존재한다고 해야 할까요, 존재하지 않는다고 해야 할까요? 도저히 설명할 수 없는 수의 등장에 피타고라스 학파는 고통스러웠습니다. 그리고 결국 하지 말아야 할 결정을 내리죠. 바로 히파소스를 죽이고 이 수의 정체를 숨기기로 말이에요. 히파

파도 파도 끝이 없네…

소스를 우물에 빠뜨려 죽였다는 이야기도 있고 추방했다는 이야기도 있습니다. 사실이 무엇이든 중요한 것은 사람을 해하면서까지 감추고 싶었던 수가 있었다는 것이지요. 이 수의 이름이 바로 무리수입니다.

말도 안 되지만 너에게 이름을 지어 줄게

무리수는 영어로 'Irrational Number'입니다. 'Irrational'은 '비합리적, 비이성적, 비논리적'이라는 뜻인데요. 수학자들이 얼마나 꼴 보기 싫었으면 이름도 '말도 안 되는 수'라고 지었을까요? 그만큼 수학의 역사에서 무리수를 인정하기 쉽지 않았다는 증거겠지요.

그러나 세월이 흐르며 수학자들의 마음도 유해졌나 봐요. 여기저기서 등장하는 무리수들을 못 본 척 무시하며 살기도 힘들었겠지요. 결국 수학자들은 이 해괴망측한 수를 받아들이기로 합니다. 이해할 수 없다고 해서 존재 자체를 부정할 수는 없으니까요.

수학자들은 제곱해서 2가 되는 수(1.414213562373095…)를 더 이상 어떻게 불러야 할지 고민하지 않기로 했어요. 어차피 누구도 끝을 알 수 없는 수이니까요. 대신에 있는 그대로 이름 붙여 주기로 합니다. '제곱하면 2가 되는 수'라고요. 너무 긴가요? 그럼 기호를 하나 만들어 보죠.

제곱해서 2가 되는 수 → $\sqrt{2}$

무리수 어린이, 입학을 환영합니다.

$\sqrt{2}$(루트 2)의 커밍아웃 이후 무리수가 하나둘 세상으로 나와 이름을 얻습니다. π, e(자연로그)… 등등 그렇게 무리수는 수학의 세계에 한 구성원으로 들어옵니다.

이제 무리수의 이름을 있는 그대로 불러 주세요. $\sqrt{2}$를 대충 1.414와 비슷하다고 하거나 π는 3.14 정도 된다고 해서는 안 됩니다. 그 이름 그대로 불러 주어야 해요. 그 소중한 이름에는 한 사람의 목숨과 수많은 수학자의 고뇌가 담겨 있으니까요.

다름은 이해가 아닌 포용하는 것

제곱해서 2가 되는 수를 굳이 분수의 형태로 바꾸려 했던 수학자들의 노력은 오만이었습니다. 무리수를 있는 그대로 받아들이지 않고 인간이 이해하기 쉬운 방식으로 끼워 맞추려 했으니까요. 우리는 삶에서도 이와 같은 실수를 자주 범하는 것 같아요. 다른 사람을 자신의 기준에서 이해하려고 노력하는 실수 말이에요.

멀리 가지 않아도 당장 자녀들의 이해하지 못할 행동들을 보세요. 그래도 사랑하니까 이해하려고 노력하시나요? 하지만 그 노력이 아이에게는 부당한 요구일 수 있습니다. 다름은 이해하는 것이 아니라 있는 그대로 받아들이는 것이니까요. 무리수는 우리에게 다름을 이해하려 하지 말고 두 팔 벌려 안으라고 말합니다. 그러면 의외로 해결될 문제가 참 많다고요.

5장

음수
고정관념에 갇혀 보이지 않았던 수

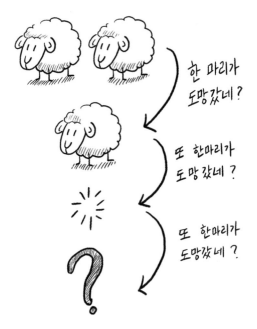

한 마리가
도망갔네?

또 한마리가
도망갔네?

또 한마리가
도망갔네?

없는 데서 더 없을 수가 있나?

양 2마리가 있습니다. 1마리가 도망가서 1마리가 남았습니다. 잠시 뒤 나머지 1마리가 도망갔습니다. 그리고 또 1마리가 도망갔습니다. 이게 가능할까요?

음수는 결코 쉬운 개념이 아닙니다. 0 아래의 수는 자연 속에서 관찰하기 어렵거든요. 우리가 무엇을 보거나 만질 수 있다는 것은 존재를 의미하며, 존재의 반대는 부재입니다. 부재한 상태, 즉 없는 상태에서 더 없다는 것은 말장난처럼 들릴 뿐이죠.

음수의 역사는 예상외로 짧다

지금은 많은 사람이 자연스럽게 음수를 이해합니다. 왜냐고요? 우리에게는 채워도 채워도 헛헛한 마통(마이너스 통장)이 있잖아요. 그야말로 음수를 몸과 마음으로 느끼며 살아가고 있지요.

살짝 가리고 보면 행복해.

음수의 기원도 인류의 재화 거래와 함께 등장했다는 설이 유력합니다. 재화 거래가 활발해지면서 방향이 중요한 요소가 되었던 거죠. 주어야 할 돈과 받아야 할 돈은 엄연히 다르게 표기해야 하니까요. 7세기 인도의 수학자 브라마굽타Brahmagupta는 빚진 상태 또는 매출의 감소 등을 어떻게 표현할지 몰랐던 상인들에게 '이익이나 자산은 양수로, 부채는 음수로 표현할 수 있다'라고 했다는군요.

하지만 수학사에서 음수의 역사는 그리 길지 못합니다. 방정식의 아버지라 불리는 그리스 수학자 디오판토스Diophantos는 방정식의 해가 음수이면 답이 없다고 했고, 프랑스의 수학자이자 물리학자인 파스칼은 '0 이하의 수는 없다'라고 했지요. 음수가 수학적 체계 안에서 정리되기 시작한 것은 17세기 이후에나 가능했습니다.

왜 수학자들은 음수가 어려웠을까?

유능한 수학자들마저 음수를 이해하지 못하거나 거부했던 이유는 무엇일까요? 물론 다양한 이유가 있겠지만 한 가지 예를 들어 보겠습니다. 여기 간단한 비례식이 있습니다.

$$1:2 = 2:4$$

1의 2배는 2, 2의 2배는 4가 되니까 비례 관계가 성립합니다. 이제 좌변과 우변의 대소 관계에 주목해 볼까요? 우선 좌변의 두 수, 1과 2 중에서 어떤 수가 더 큰가요? 뒤에 있는 수가 더 크죠.

> 1 < 2

그러면 우변도 뒤에 있는 수가 당연히 크게 됩니다.

> 2 < 4
>
> 작은 수 : 큰 수 = 작은 수 : 큰 수

그런데 음수가 비례식에 사용되면 이상한 현상이 생기게 돼요.

> -1 : 2 = 2 : -4

우리가 아는 한 이 비례식은 참이지요. 그런데 이상하지요? 좌변은 뒤의 수가 더 크지만 우변은 앞의 수가 더 크거든요.

> 1 < 2
>
> 2 > -4
>
> 작은 수 : 큰 수 = 큰 수 : 작은 수

비례식의 대소 관계가 반대되는 거죠. 수학자들은 비례식의 대소 관계마저 혼란스럽게 만드는 음수가 못마땅했습니다. 그러니 수로서 인정해야 할지 쉽게 결정하지 못했던 거지요.

음수로 더 완벽해진 수학 세상

수학자들에게 음수는 골치 아프고 쓸모없는 존재였습니다. 자연계에서 관찰할 수 없는 수를 굳이 수학에서 다루어야 하는지도 의문이었지요. 하지만 시간이 흐르며 음수를 거론하는 수학자들이 하나둘 등장하기 시작해요. 그러면서 음수가 가진 수학적 매력이 드러나기 시작하지요.

음수의 첫 번째 매력은 '방향'이었습니다. 양수로는 '크기 또는 양'만을 표현할 수 있었는데 음수를 이용하면 크기에 방향을 더할 수 있

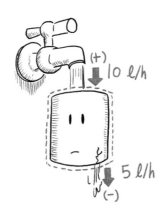

었거든요. 수도꼭지를 틀어 물통에 물을 받는 상황을 생각해 볼까요? 수도꼭지에서는 시간당 10L의 물이 나옵니다. 그러면 물통 입장에서는 시간당 10L의 물이 들어오는 거죠. 그런데 이 물통에 구멍이 뚫려 있는 거예요. 그래서 시간당 5L의 물이 새어 나간다고 해 보죠.

'물통으로 들어오는 물의 양은 시간당 10L이고 물통에서 새어 나가는 물의 양은 시간당 5L이다.' 음수를 이용하면 물통 입장에서 들어오고 나가는 물을 구구절절 설명할 필요 없이 한 줄로 표현할 수 있게 됩니다. 수학적 표현의 방법이 한층 간결해지는 거지요.

$$\{10 + (-5)\} \, L/h$$

음수의 두 번째 매력은 생각보다 우리네 세상을 표현하는 데 효과적이라는 점이에요. 서양의 사고방식으로 보면 세상은 존재, 아니면 부재만 인정됩니다. 서양인에게 세상은 오직 양수(존재)와 0(부재)으로 이루어진 셈이지요. 하지만 동양의 관점에서 보면 세상은 전혀 다른 모습을 하고 있습니다. 태양과 달, 빛과 어둠, 하늘과 땅처럼 어떤 경계점을 두고 상반된 것들이 음양의 조화를 이루고 있거든요.

따라서 0이 '부재'의 의미가 아니라 어떤 경계점이 된다면 음수는 마치 데칼코마니처럼 양수와 상반된 곳에 대등하게 펼쳐질 수 있는 거예요. 동양의 사고방식으로는 음수, 0, 양수가 펼쳐진 세상이 뚜렷하게 보였습니다. 해수면을 기준으로 산의 높이를 양수로, 바다의 깊

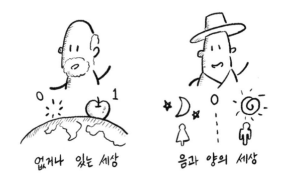

세상을 보는 서양과 동양의 시각 차이.

이를 음수로 표현할 수도 있고요. 물이 어는 점을 기준으로 영상과 영하를 표현할 수도 있지요.

하지만 '존재 아니면 부재'의 논리가 뿌리 깊이 박혀 있던 서양에서는 그만큼 음수를 받아들이기 쉽지 않았습니다. 그러던 중 17세기 데카르트는 0을 기준으로 좌우에 음수와 양수를 배열하여 직선 좌표

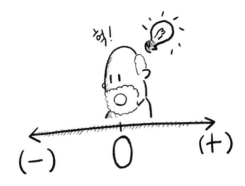

서양 수학자의 '아하' 모멘트!

계를 만들었는데요. 이 좌표계가 서양인들의 사고방식을 180° 뒤집어 버렸습니다. 데카르트의 좌표계는 음수를 시각적으로 보여 주면서 음수가 수학의 역사로 들어오는 데 상당히 큰 역할을 했지요. 역시 사람은 눈으로 볼 때 확실하게 이해하는 것 같아요.

관점을 바꾸면 보이는 것들

은행에 빚지지 않고 살기 힘든 세상이에요. 월급을 받으면 대출 이자가 꼬박꼬박 빠져나가는 우리에게 음수는 양수보다 더 친밀한 수가 되었지요. 그러다 보니 많은 사람이 음수가 고대 이집트나 바빌로니아 시절부터 있었던 수로 오해합니다. 하지만 그렇지 않아요. 음수는 불과 300~400년 전에도 수로 인정받지 못했으니까요. 음수가 그토록 오랫동안 외면받았던 이유는 사람들의 고정된 관념 때문이었어요. 부재와 존재의 시각으로만 세상을 보면 당연히 음수는 보이지 않으니까요.

지금 우리는 어떤가요? 혹시 고정된 우리의 관념 때문에 보아야 할 것을 보지 못하고 있는 건 아닐까요?

6장

실수
진짜 수들의 세상이 완성되다

지금까지 살펴본 분수(유리수), 무리수, 양수와 음수의 개념이 모두 모인 집합체를 우리는 실수라고 부릅니다. 영어로 'Real Number', 굳이 해석하자면 '진짜 수'가 되네요. 왜 '진짜 수'라고 이름을 붙였을까요? 그럼 '가짜 수'도 있을까요?

네, 있습니다. 상상 속에서나 가능한 수, 허수Imaginary Number가 있고, 우리는 그에 대비되는 개념으로 '실수'라는 이름으로 부르는 거죠.

혼란스러웠던 초창기 수의 세계

실수를 이해하는 데에 큰 도움이 될 만한 이야기를 하나 들려드릴게요(독자 여러분의 이해를 돕기 위해 수의 역사와는 무관하게 기술되었습니다). 아주 먼 옛날, 이름조차 모르는 수들이 모여 살았습니다. 수의 세상은 마치 빅뱅 직후 우주처럼 존재의 의미조차 무색한 혼돈의 세상이었지요.

　그러던 중 처음 이름을 얻게 된 수가 있었어요. 바로 1, 2, 3, 4와 같은 자연수입니다. 자연수는 사과나 돌처럼 개별로 존재하는 물건의 개수를 세는 데 유리했거든요. 인간들이 가장 익숙하고 자연스럽게 받아들일 수 있는 수였지요. 자연수가 존재를 의미한다면 부재의 상태는 0으로 표현할 수 있었습니다. 0은 독특한 성질이 있었는데, 자신을 곱셈으로 영접한 모든 수를 0으로 만들어 버리는 능력이 바로 그것이었지요.

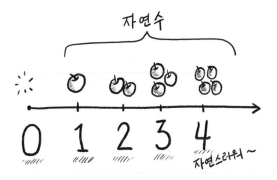

0과 자연수부터 생겼어요.

　그러다가 음수의 개념이 등장해요. 자연수들은 음의 기호를 만나 정확히 같은 크기의 음수가 되었지요. 반면에 0은 아무리 음의 기호를 붙여도 다시 0이 되는 성질 때문에 흔들림 없이 그 자리를 지켰습

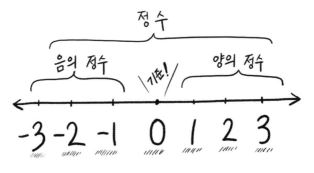

0보다 작은 수도 인정합시다!

니다.

자연수, 음수가 된 자연수, 그리고 0을 합해서 모두 정수라고 부릅니다. 정수의 '정整'은 '가지런하다'라는 의미의 한자인데, 딱 봐도 일정 간격으로 가지런하게 놓여 있지요? 자연수를 '양의 정수', 음수가 된 자연수는 '음의 정수'라고 부릅니다. 이렇게 양의 정수와 음의 정수를 펼쳐 놓고 보니 0의 존재가 다시금 새롭게 보이는군요. 그저 공백의 의미로 사용되던 0은 양수도 음수도 아닌 독보적인 존재로서 수 세계의 균형점 같은 역할을 하게 되었습니다.

정수와 정수 사이에도 수는 존재합니다. 이 수들은 나누어 셈하는 방식, 즉 분수로 이름을 붙여 줄 수 있었어요. 분수는 듬성듬성 떨어진 정수들의 사이를 메우며 수의 세상을 한층 풍성하게 해 주었지요. 수학자들은 너무 행복했습니다. 수학을 하기 위한 모든 재료가 준비되었으니까요. 이렇게 정수와 분수로 표현된 수들을 묶어 수학자들

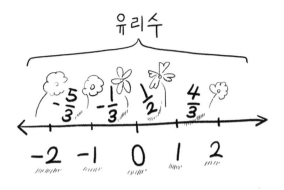

분수 자리도 만들어 주세욧!

은 '유리수'라고 불렀습니다. '있을 유有, 다스릴 리理' 자를 쓰는데, 충분히 이해할 수 있어 쉽게 '다룰 수 있는 수'라는 의미이지요.

수학자들은 유리수가 좋았습니다. 다루기 쉽고 입맛에 딱 맞으니까요. 하지만 수학을 더 깊이 연구할수록 뭔가 부족하다는 느낌을 지

유리수만으로 쌓아 올린 수학의 댐.

울 수 없었어요. 정수와 정수 사이를 분수로 가득 채웠다고 생각했지만, 그 안에는 잘 보이지 않는 빈틈이 있었던 거예요.

비로소 실수의 세계가 완성되다

수학자들은 외면하고 싶었습니다. 그냥 못 본 척 유리수만으로 수학의 댐을 쌓고 싶었지요. 하지만 그럴 수 있나요? 엄연히 수의 세계에 빈자리가 있다는 것은 사실인데요.

수학자들은 결국 유리수만으로 수의 체계를 완성할 수 없음을 인정합니다. 그리고 이름조차 지어 줄 수 없는 이 수들을 '유리수가 아닌 수', 또는 다루기가 힘들다는 의미로 '무리수'라고 부르기로 하지

시험에 꼭 나온다, 외워라!

요. 이렇게 무리수는 유리수만으로 채우지 못했던 수 세상을 완벽하게 메우며 온전한 실수 세상을 만들게 되었습니다.

지금 우리가 접하는 실수는 어느 순간 뚝딱 만들어진 것이 아니에요. 수 세기에 걸쳐 쌓아 올리고 무너지기를 반복했던 수학사의 결과물이지요. 이제 숫자 하나하나를 다시 들여다보세요. 그 안에는 수많은 수학자의 고뇌와 좌절, 기쁨의 감정들이 얽혀 있거든요.

물론 학교에서는 교과서 한쪽 구석 가로세로 5센티미터 정도의 분류표 하나로 이 모든 이야기를 대신하지만요.

3부

문자와 식

: 숫자가 없어도 얼마든지 수학이다

1장

미지수와 문자
문자라는 베일에 가려진 수

미지수未知數는 베일에 가려져 '알지 못하는 수'로, 묘한 신비로움으로 가득한 수이지요. 열어 보지 말라고 하면 더 열어 보고 싶고, 비밀이라고 하면 더 파헤치고 싶은 것이 사람 마음 아니겠어요? 그래서 더욱 매력적인 미지수입니다.

정체불명의 수를 문자가 대신하다

미지수를 표기하는 방법은 여럿이 있습니다. '어떤 수'라고 글로 써도 되고, 네모 칸으로 비워 두어도 되죠. 아니면 별이나 세모 같은 나름의 기호를 사용할 수도 있어요. 하지만 수학자들은 미지수의 기호로 문자를 택했습니다.

디오판토스Diophantos는 미지수로 'ζ(제타)'를 썼고, 프랑스의 수학자 프랑수아 비에트Franciscus Vieta는 알파벳 모음의 대문자인 'A, E, I, O, U'를 사용하기도 했습니다. 그런데 지금은 미지수라고 하면 누구나 문자 'x'를 먼저 떠올리죠. 그런데 왜 하필 x일까요? 알파벳은 26개나 되는데 왜 그중 x가 미지수의 대표가 된 걸까요?

x를 처음 사용했던 사람은 1600년경 프랑스의 르네 데카르트입니다. '나는 생각한다, 고로 존재한다'라는 명언으로 유명한 분이지요. 어느 날 데카르트는 자신의 수학 논문을 인쇄소에 맡기러 갔습니다. 논문을 받아 든 인쇄소 주인은 숫자보다 문자가 더 많은 수학 논문을 보고 의아했어요.

"수학 논문인데 문자가 많네요?"

"알지 못하는 수를 문자로 표기해서 그렇소."

"그렇군요. 그럼 혹시 그 문자를 x로 바꿔도 될까요?"

"왜 그러시오?"

수학 세상의 비호감 1위.

"같은 문자가 계속 사용되니 활자 수량이 부족할 것 같아서요. 지금 인쇄소에 x가 가장 많이 남는데 모르는 수를 x로 표기해도 괜찮을까요?"

"그렇게 하시죠."

요즘 시대라면 인쇄물에 쓰인 기호가 중요하지는 않겠죠. 프린터로 쭉쭉 뽑으면 되니까요. 하지만 활자를 하나하나 끼워 맞춰야 했던 시절에는 어떤 문자를 사용할지가 중요한 문제였습니다. 활자 재고가 부족하면 인쇄를 못 할 수도 있으니까요.

이 일화가 사실인지 아닌지는 모릅니다. 다만 데카르트 이후 x가 대중적으로 사용되었음은 잘 알려진 사실이지요. 물론 y와 z 같은 자매품 미지수도 있지만 x의 명성은 따라가지 못하는 것 같아요. 지금까지도 x만 보면 뭔가 답을 구해야 할 것 같은 강박에 시달리니까요.

미지수의 세상에는 새로운 표기법이 필요하다

만약 인쇄소 주인이 데카르트에게 x가 아닌 다른 활자를 제안했다면 어땠을까요? 그랬다면 아마 다른 문자가 x를 대신하고 있겠지요. 즉, 미지수를 어떤 문자로 쓸지는 전혀 중요하지 않아요. 문자는 그저 숫자를 대신했을 뿐 중요한 것은 문자 너머에 있는 숫자니까요.

하지만 수학에서 문자의 등장은 많은 아이를 '멘붕'에 빠지게 합니다. 문자가 수학에 사용되는 중학교부터 칠판은 온통 영어 문자로 가득해지거든요. 간혹 수학 시간과 영어 시간마저 구분하지 못하는 아이들이 나오기 시작하지요. 그런데 아이들은 왜 수학에서 문자를 받아들이기 어려워하는 걸까요?

아직도 영어 시간인가?

아이들이 문자를 어려워하는 첫 번째 이유는 새로운 표기법을 배워야 하기 때문이에요. 단지 숫자와 연산 기호(+, -, ×, ÷)만 쓸 때는 괜찮은데 문자를 함께 쓰면 애매해지는 부분들이 생기거든요. 특히 미지수 x와 곱셈 기호 ×가 문제입니다. 두 기호가 비슷하게 생겨서 헷갈리는 거죠. 이런 이유로 컴퓨터 자판에서는 곱셈 기호를 별표(*)로 쓰기도 하죠. 문자가 수학식에 사용되면서 곱셈 기호도 그냥 쓸 수 없게 된 거예요.

이뿐 아닙니다. 문자 표기를 위한 새로운 규칙들도 배워야 해요.

$$x \times 2 \times y \div 3$$

$$2 \div 3 \times x \times y$$

$$1 \times 2 \times x \div 3 \times y$$

이 수식들은 모두 같은 수식이에요. 하지만 표기 방법이 제각각이라 서로 달라 보이죠. 이처럼 수식을 쓸 때 규칙이 없으면 해석하면서 착오가 생길 가능성이 커집니다. 그래서 수학자들은 문자식에 대한 새로운 표기 규칙을 만들게 되죠.

정리 규칙	예시
곱셈 기호는 생략하거나 점을 찍어 표현합니다.	$x \times y \rightarrow xy$ 또는 $x \cdot y$
수와 문자의 곱에서 수를 먼저 씁니다.	$x \times 3 \rightarrow 3x$
문자끼리의 곱은 알파벳 순서로 씁니다.	$b \times y \times a \times x \rightarrow abxy$
1의 곱셈은 생략합니다.	$1 \times x \rightarrow x$
나눗셈은 분수 형태로 씁니다.	$x \div y \rightarrow \frac{x}{y}$

앞에서 보았던 수식들을 위의 규칙대로 다시 정리해 볼까요?

$$x \times 2 \times y \div 3$$
$$2 \div 3 \times x \times y \quad \rightarrow \frac{2}{3}xy$$
$$1 \times 2 \times x \div 3 \times y$$

어떤가요. 한결 정돈되어 보이지요? 문자식 표기의 규칙은 어려운 원리가 아니에요. 그저 일종의 정리 규칙 같은 거죠. 장난감은 장난 감 상자에, 내복은 옷장에, 책은 책장에 꽂혀 있어야 한다는 규칙 말이에요.

하지만 규칙을 명확히 알고 있더라도 방 정리 습관이 몸에 배기는 쉽지 않잖아요? 수식의 표기법도 마찬가지예요. 익숙하지 않은 것을 습관으로 만드는 데는 그만큼 시간과 노력이 필요하죠.

문자를 계산한다는 것

학생들이 문자를 어려워하는 두 번째 이유는 문자식의 계산 때문입니다. 문자의 계산은 직관적이지 않아서 의외로 어려운 부분이 있어요. 여기 3과 2를 더한 다음에 제곱하는 식이 있습니다.

$$(3+2)^2$$

숫자로만 표기되어 있을 때는 어렵지 않아요. 덧셈도 배웠고 제곱도 아니까요. 3과 2를 더해서 5, 그리고 제곱하니까 답은 25입니다. 그런데 3을 a로, 2를 b라는 문자로 대신해 볼게요.

$$(a+b)^2$$

숫자를 문자로 살짝 가렸을 뿐 바뀐 것은 없어요. 하지만 이상하게 문자의 계산식은 어렵게 느껴집니다.

$$(a+b)^2 = a^2 + b^2 + 2ab$$

괄호를 제곱했으니 a^2, b^2이 나오는 것은 어느 정도 이해가 됩니다. 그런데 뜬금없이 $2ab$는 뭐죠? 두 문자 a, b를 서로 곱한 것도 이해가 가지 않는데 계수 2는 어디서 튀어나온 건지 아리송하기만 합니다. 그렇게 한참을 고민한 끝에 우리가 내릴 수 있는 결론은 딱 하나뿐이에요.

그냥 외우는 거죠. 괄호를 제곱했던 2가 하늘에서 내려와 두 문자를 얼싸안고 기뻐하는 모습을 상상하며 적당히 수학적 논리와 타협을 하는 것으로 마무리를 짓습니다.

아니, 이게 얼마 만이여~

한 번 정도는 창의적 연상 기법으로 외울 수 있을 거예요. 그런데 문제는 이런 문자의 계산식들이 줄줄이 나온다는 거죠.

$$(a-b)^2 = a^2 + b^2 - 2ab$$

$$(a+b)(c+d) = ac + ad + bc + bd$$

$$(a+b)^3 = a^3 + 3a^2b + 3ab^2 + b^3$$

$$(a-b)^3 = a^3 - 3a^2b + 3ab^2 - b^3$$

$$(a+b+c)^2 = a^2 + b^2 + c^2 + 2ab + 2bc + 2ac$$

이 많은 공식을 어떻게 해야 할까요? 깜지 100장 하면 모두 외울 수 있을까요? 분명 수학은 논리적 사고력을 키우는 학문이라고 했는데 암기력 테스트만 하는 이유가 뭘까요? 많은 아이가 문자의 등장과 함께 수학과 이별을 고하는 데는 바로 이런 이유가 있습니다.

하지만 우리가 잊지 말아야 할 것이 있어요. 반복해서 강조하지만 문자는 그저 숫자를 대신했을 뿐이라는 거예요. 수가 가진 본질은 전혀 바뀌지 않았지요. 몇 가지 문자식을 다시 한번 찬찬히 들여다볼까요?

결국 문자에 걸려 넘어지다니!

문자식의 제곱은 정사각형의 넓이로

제곱은 영어로 뭘까요? '2의 제곱은 4이다'를 영어로 써 볼까요?

$$2^2 = 4$$

The square of 2 is 4

갑자기 영작문이 나와서 당황하셨죠? 그래도 간혹 영어 표현이 수학 공부에 도움이 되는 경우가 있어요. 많은 수학 개념이 서양에 중심을 두고 있다 보니 한자어 번역 과정에서 의미가 모호해지는 경우도 있거든요. 이럴 때는 영문 표현 그대로 이해하는 것이 좋습니다.

'square'를 영어 사전에서 찾아보면 정사각형을 의미해요. 결국 제곱은 정사각형의 면적과 매우 밀접한 관련이 있음을 알 수 있습니다.

엄마의 수학책

그럼 우리의 골치를 아프게 했던 문자식 $(a+b)^2$의 의미를 정사각형의 관점에서 유추해 볼까요?

네, 맞습니다. 바로 한 변의 길이가 $a+b$인 정사각형의 넓이를 의미해요.

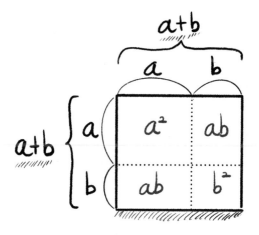

큰 사각형은 작은 사각형들의 합.

이 정사각형을 사각형 4개로 나누어 볼 수 있는데요. 넓이가 a^2인 사각형 1개, 넓이 b^2인 사각형 1개, 그리고 넓이가 ab인 사각형 2개가 보이는군요. 어떤가요? 정사각형의 넓이로 이해하면 $2ab$가 뜬금없어 보이지 않지요?

$$(a+b)^2 = a^2 + b^2 + 2ab$$

같은 논리로 $(a+b)(c+d)$는 어떨까요? 이 또한 한 변의 길이가 $a+b$, 다른 한 변의 길이가 $c+d$인 사각형을 상상해 보면 왜 $ac+ad+bc+bd$가 되는지 쉽게 이해할 수 있습니다.

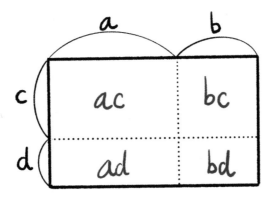

문자식의 세제곱은 정육면체의 넓이로

세제곱도 영어로 궁금하시죠?

$$2^3 = 8$$

The cube of 2 is 8

세제곱은 영어로 'cube(큐브)'예요. 큐브는 얼음 조각이나 각설탕 처럼 정육면체의 모양을 의미하지요. 그럼 $(a+b)^3$는 어떤 의미일까 요?

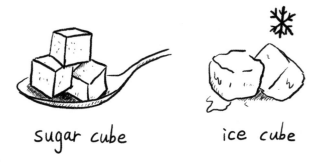

sugar cube   ice cube

정육면체를 뜻하는 큐브.

The cube of (a+b)

한 변이 $a+b$인 정육면체의 부피가 됩니다. 그리고 이 입방체는 총 8개의 조각으로 분리할 수 있지요. 부피가 a^3인 정육면체 1개, b^3인 정 육면체 1개, 부피가 각각 a^2b, ab^2인 직육면체가 3개씩 있음을 알 수 있군요.

$$(a+b)^3 = a^3 + b^3 + 3a^2b + 3ab^2$$

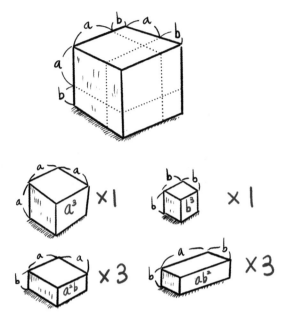

큰 육면체는 작은 육면체들의 합.

문자식의 네제곱은?

제곱은 정사각형의 2차원 넓이, 세제곱은 정육면체의 3차원 부피
를 의미했어요. 그럼 네제곱은 어떻게 해석해야 할까요? 4차원 공간

$$2^4 = 16$$

2 to the power 4 is 16

엄마의 수학책

을 의미할까요?

영어 단어에서 힌트를 얻어 보려 했지만 네제곱부터는 영어 단어에 기하학적 의미가 없군요. 그저 4번 곱했다고 표현할 뿐이지요. 그렇다고 낙심할 필요는 없어요. 네제곱을 적당히 2차 평면으로 불러들여 풀어낼 수 있으니까요. $(a+b)^4$은 결국 $(a+b)^2$을 2번 곱한 것과 같고, $(a+b)^2$은 이미 앞에서 알아봤습니다.

$$(a+b)^4 = (a+b)^2(a+b)^2 = (a^2+b^2+2ab)(a^2+b^2+2ab)$$

The square of (a^2+b^2+2ab)

이렇게 풀어 놓고 보니 한 변의 길이가 a^2+b^2+2ab인 정사각형 넓이를 의미하게 됩니다.

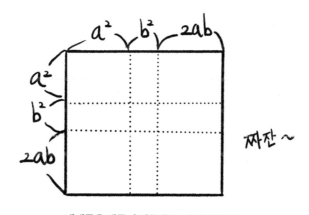

네제곱은 제곱의 제곱 꼴로 바꿔서 해결!

겉모습에 속지 말자, 결국 본질은 수

중학교에 입학한 학생들에게 문자의 등장은 분명 달갑지 않은 경험입니다. 새로운 표기법도 배워야 하고 직관적이지 않은 계산식도 마주해야 하니까요. 어떤 아이들은 문자가 수학의 개념마저 통째로 바꿔 버렸다고 착각하기도 하지요.

하지만 우리가 잊지 말아야 할 것이 있어요. 문자 너머 숫자의 본질은 그대로라는 거예요. 겉모습만 바뀌었을 뿐 변하는 것은 하나도 없답니다.

2장

등호
세상의 균형과 조화를 담은 기호

물은 위에서 아래로 흐릅니다. 산골짜기부터 흘러내린 물은 강을 따라 바다로 흘러가죠. 이렇게 물이 산에서 바다로만 흐른다면 계곡의 물은 머지않아 말라 버릴 거예요. 하지만 그런 일은 일어나지 않죠. 물은 다시 증발하여 구름이 되고 비가 되어 땅을 적시니까요. 물

물의 순환 구조.

의 순환은 놀라운 균형을 유지하며 늘 지구를 푸르게 합니다.

동물의 먹이 사슬도 비슷해요. 먹고 먹히는 관계는 겉으로 보기에 매우 일방적이고 결국 최종 포식자만 살아남을 것 같지만 그런 일은 없어요. 생태계는 종의 균형을 자연스럽게 유지하며 진화해 나갑니다.

세상은 언뜻 보기에 의미 없는 움직임들의 모임처럼 보이지만 자세히 들여다보면 그 안에는 설명할 수 없는 균형과 조화가 숨어 있습니다. 우주 만물의 힘은 균형에서 나온다고 할 정도로 말이에요.

자연의 원리를 품은 수학 기호

자연이 균형 위에 존재한다면 자연을 가장 잘 설명할 수 있는 수학 기호는 무엇일까요? 바로 2개의 작대기로 그려진 등호(=)입니다. 등호는 우리에게 너무 익숙한 기호예요. 너무 흔해서 그 의미조차 잊고 지내고 있지요.

하지만 등호에는 우리가 생각하는 것보다 훨씬 큰 의미가 있어요. 인간이 자연에서 발견한 모든 균형의 진리를 등호 안에 차곡차곡 담을 수 있거든요. 그리고 우리는 이것을 과학이라고 부릅니다.

에너지 보존 법칙

에너지의 형태는 끊임없이 변화하고 이동합니다. 롤러코스터가 내려갈 때는 위치 에너지가 운동 에너지로, 총알이 발사될 때는 화학

에너지가 운동 에너지, 열에너지, 소리 에너지 등으로 변하지요. 하지만 그 과정에서 에너지의 총합은 항상 같다는 물리 법칙이 있습니다. 한 번쯤 들어 보셨을 '에너지 보존 법칙'이에요.

높은 곳에 가만히 공을 들고 있다가 놓으면 잠시 후 공은 빠른 속도로 떨어집니다. 처음 공이 가지고 있던 위치 에너지가 운동 에너지로 변한 거지요. 공기와 부딪히며 생기는 미세한 에너지 손실 등을 무시한다면 두 에너지의 양은 같게 됩니다. 이처럼 에너지가 변화하는 과정에서도 총량이 균형을 이루는 현상을 수학으로 어떻게 표현할 수 있을까요?

네, 바로 등호가 필요한 순간이지요.

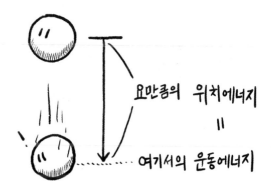

종류가 날라져도 에너지 양은 보존된다.

케플러의 행성 운동 법칙

16세기에 활동한 독일의 천문학자 요하네스 케플러Johannes Kepler는 천체 운동의 관측 자료를 분석하다가 태양계 내 행성들의 공전에 몇 가지 규칙이 있음을 발견했습니다. 흔히 지구와 같은 행성은 태양을 중심으로 원운동을 한다고 생각하기 쉬운데, 실제로는 태양을 하나의 초점으로 하는 타원 궤도를 따라 움직이죠. 이때 행성은 어떤 속도로 태양 주위를 돌게 될까요?

케플러는 행성과 태양을 연결하는 가상의 선분이 같은 시간 동안 쓸고 지나간 면적이 항상 같음을 발견합니다. 이것이 케플러의 행성 운동 제2법칙, 면적 속도 일정의 법칙입니다. 태양계 행성의 움직임에서도 우리는 균형을 찾을 수 있고 등호로 표현할 수 있습니다.

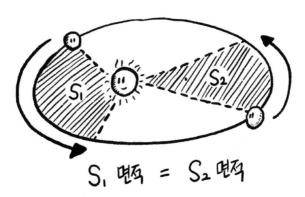

$$S_1 \text{ 면적} = S_2 \text{ 면적}$$

면적 속도 일정의 법칙.

질량 보존의 법칙

화학 시간에는 질량 보존의 법칙을 배웁니다. 물질은 갑자기 생기거나 없어지지 않고 형태만 변화하기 때문에 물질 변화가 있어도 질량은 항상 같다는 법칙입니다. 예를 들어 종이를 불로 태우는 반응을 생각해 볼 수 있겠지요. 종이는 새까맣게 타 버리고 질량이 줄어든 것처럼 보이지만, 연소에 사용된 산소와 남은 재와 발생 가스의 질량을 생각하면 연소 전과 후의 질량 변화는 없습니다. 화학 반응에도 균형의 진리가 숨어 있는 거지요.

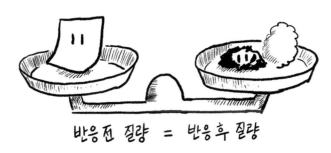

반응 전 질량 = 반응 후 질량

영혼 무게는 21그램?

질량-에너지 등가 법칙

질량 보존의 법칙이 적용되지 않는 예도 있습니다. 반응 전후 질량의 변화가 있는 경우도 있거든요. 원자력 발전소에 사용되는 핵분열이 그렇습니다. 우라늄(U-235)을 중성자로 때려서 분열을 시키면 당연히 분열 전과 후의 질량은 같아야 하지만 미소한 질량 결손이 발생합니다. 이렇게 감소한 질량은 '빛의 속도의 제곱 배'만큼의 어마어마한 에너지로 변환되어 방출되는데요. 이것이 그 유명한 '$E=mc^2$'입니다. 이렇게 에너지와 질량 사이에 숨은 균형의 진리를 처음 발표한 사람이 바로 아인슈타인이지요.

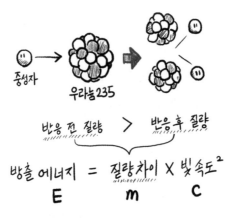

방출 에너지 = 질량 차이 X 빛 속도^2

$$E = m \quad c$$

감소한 질량이 에너지로 변환된다.

우리 삶에도 등호가 필요하다

자연 세상에는 놀라운 균형의 진리가 숨어 있습니다. 세상 어떤 움직임도 무의미한 것은 없으며 모두 그러해야 할 이유를 담고 있습니다. 인간은 자연에서 발견한 균형과 조화의 힘을 수학이라는 언어로 표현해 왔습니다. 그러니 균형을 의미하는 등호는 아주 결정적인 역할을 하는 수학 기호인 셈이지요.

꼭 자연에만 균형과 조화가 있는 것은 아니지요. 인간 세상도 마찬가지 아닌가요? 기쁨과 우울, 희망과 절망, 행복과 불행의 경험들이 균형 있게 쌓아 올려지는 것이 인생이니까요. 나이가 들면 인생의 숨은 등호 관계가 하나둘 보이기 시작하지요. 마음속 균형의 진리를 얼마나 깨우치느냐가 결국 성숙함의 척도 아닐까요?

3장

식
수학이라는 언어로 말하는 방'식'

영어 문장을 'English Expression'이라고 하죠. 그런데 수학의 '식'도 영어로 'Expression'이라고 해요. 전달하고자 하는 의미를 수학 기호를 이용해 표현하기 때문이죠. 즉, 우리가 흔히 말하는 '식을 세운다'라는 의미는 수학이라는 언어로 번역하여 말하는 것과 같습니다.

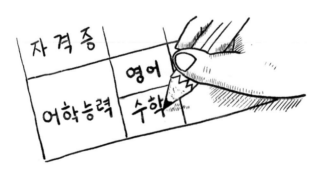

나는 바이링구얼.

언어는 단어와 형태소로 말한다

아기가 말을 배우는 과정은 참 신기합니다. 처음에는 알아듣기 힘든 옹알이로 시작하지만, 시간이 지나면서 발음이 점점 또렷해지죠. 돌 무렵이면 '엄마'나 '아빠'를 말할 수 있게 되고 '물'이나 '밥'처럼 하나의 단어로 의사 표현을 하기도 합니다. 조금 더 시간이 지나면 2개 이상의 단어를 조합하면서 아이들의 표현은 점점 풍성해지죠.

> 우유
>
> 우유 주세요.
>
> 시원한 우유 주세요.

여기서 흥미로운 것은 단어 하나만으로도 언어적 표현이 된다는 거예요. 아기가 '우유'만 말해도 우리는 으레 우유를 가져다주니까요. 즉, 언어적 표현에 있어 단어의 개수는 중요하지 않습니다. 하나의 단어로 말하든 2개 이상의 단어를 조합해서 문장으로 말하든 모두 언어적 표현에 해당합니다.

그리고 또 하나 재미있는 사실은 하나의 단어를 형태소라는 단위로 쪼갤 수 있다는 거예요. '우유'는 하나의 단어이지만 복수의 의미를 담고 있죠. '소 우牛'와 '젖 유乳' 2개의 한자로 이루어져 '소의 젖'을 의미하니까요. 즉, 우유는 '우'와 '유', 2개의 형태소로 나눌 수 있습니다.

'시원한'도 '시원'과 '한'으로 쪼개 볼 수 있어요. '시원'은 실질적 의미가 있다고 해서 '실질 형태소'라고 하며 '한'은 '시원하다'를 형용사 형태로 바꿔 주기 위한 '형식 형태소'라고 부르기도 합니다. 정리하면 언어적 표현은 하나의 단어 혹은 단어의 조합으로 구성되며 단어는 다시 형태소로 쪼개 볼 수 있는 거죠.

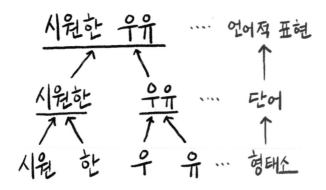

언어적 표현을 구성하는 요소.

수학식은 항과 인자로 말한다

수학식도 언어적 표현의 구성을 그대로 사용합니다. 수학이 언어이니 당연하겠지요.

$$5$$
$$3x + 5$$
$$x^2 + 3x + 5$$

이것들은 모두 수학적 표현, 즉 '식'입니다. 언어 표현과 마찬가지로 수학식도 단어에 해당하는 개념이 있는데요. 바로 항Term이죠. 'term'을 사전에서 찾아보면 '단어 또는 용어'라고 정의되어 있으니 결국 비슷한 말입니다. 앞의 수학식들에서 항을 세어 볼까요?

$$5 : 하나의 항$$
$$3x + 5 : 2개의 항$$
$$x^2 + 3x + 5 : 3개의 항$$

이미 눈치채셨겠지만 수학식을 만들기 위해 꼭 복수의 항이 사용될 필요는 없어요. '우유'라는 단어 하나만으로도 언어적 표현이 되듯 하나의 항만으로도 충분히 식이 되거든요. 따라서 숫자 5, 하나도 식이에요. 5가 돌멩이 5개인지, 길이 5미터인지 몰라도 크고 작음을 나타내는 수학적 표현이기에 식으로서 부족함이 없는 거죠.

또한 항에도 단어의 형태소 같은 개념이 있어요. 바로 인자Factor인데요. 예를 들어 '$3x$'라는 항은 '3'과 'x'라는 2개의 인자로 쪼갤 수 있죠. 이때 'x'는 어떤 수로도 변할 수 있다고 해서 변수Variable, '3'은 변수의 영향성을 결정하는 계수Coefficient라고 부르죠. 수학식을 이루는 구조를 보면 언어적 표현과 유사성을 쉽게 보실 수 있을 거예요.

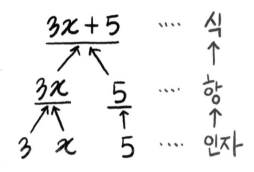

수학식을 구성하는 요소.

형태에 따른 수학식의 종류

영어 문장을 1형식, 2형식 등으로 분류했던 것 기억하세요? 주어와 동사만 있으면 1형식, 주어, 동사, 목적어가 있으면 2형식이지요. 식도 형태에 따라 몇 가지로 분류해요.

항의 개수에 따른 분류

식이 몇 개의 항으로 이루어져 있느냐에 따라 구분하는 방식이에요. 하나의 항으로 구성된 식을 단항식Monomial, 복수의 항이 모여서 이루어진 식을 다항식Polynomial이라고 부르죠.

단항식 : 5, $3xy$, $5x^2$

다항식 : $3x + 2$, $5x + 7y$, $2x^2 + 3x + 1$

최고차항에 따른 분류

식을 차수에 따라 구분하기도 합니다. 차수Degree는 문자가 곱해진 횟수를 말하는데요. 예를 들어 x는 문자 1개가 있으니 일차수, x^2은 x가 2번 곱해져 있으니 이차수가 됩니다.

그럼 일차식, 이차식은 무엇일까요?

어떤 식에 있는 항들 중에서 차수가 가장 큰 항을 최고차항이라고 하는데, 이 최고차항의 차수를 이용해 식을 분류하는 거예요. 최고차항이 일차이면 일차식, 이차이면 이차식과 같이 부르는 거죠.

x에 대한 일차식 : $3x + 1$

x에 대한 이차식 : $x^2 + 3x + 1$

x에 대한 삼차식 : $x^3 + 2x^2 + 3x + 1$

몇 개의 예제로 식의 분류를 연습해 볼까요?

엄마의 수학책

식	항의 개수에 따른 분류		최고차항에 따른 분류	
	항의 개수	식의 분류	최고차항	식의 분류
5	1	단항식	5	상수항
x	1	단항식	x	1차식
$3x + 1$	2	다항식	$3x$	1차식
$x^2 + 8x + 13$	3	다항식	x^2	2차식

수학을 잘하는 건 말을 잘하는 것

서점에 가면 말 잘하는 법에 관한 책이 아주 많죠. 인터넷에 '말'을 검색하면 수백 권의 관련 서적을 찾을 수 있지요. 주제도 참 다양합니다. '조리 있게 말하는 법', '호감 가는 말투', '핵심만 전달하는 말', '프레젠테이션에서 성공하는 스피치 기술' 등등. 왜 말에 관한 책이 이토록 많을까요? 말을 할 수는 있지만 잘하는 사람은 드물기 때문 아닐까요?

말 잘하기는 결코 쉬운 일이 아닙니다. 몇 가지 상황에 맞는 말투를 배운다고 해서 말을 잘하게 되지 않아요. 그건 그저 말 잘하는 흉내를 내는 것일 뿐이죠. 중요한 것은 말에 담기는 생각과 마음입니다. 그러므로 말을 잘하기 위해서는 오랜 경험과 지식, 타인의 이야기에 귀 기울이는 여유와 정갈한 마음 상태가 필요합니다.

수학 언어도 마찬가지예요. 공식 몇 개 외운다고 수학의 언어를 자유롭게 쓸 수 있는 것이 아니에요. 수에 대한 오랜 고민과 탐구가 바탕이 되어야 비로소 간결하게 핵심만 담은 수학식을 말할 수 있게 되는 거죠.

4장

방정식
억지와 문제 해결 능력의 끝판왕

수학 교육의 반 이상은 방정식이라는 말이 있습니다. 교과 과정 전반에 걸쳐 방정식은 어디에나 등장하니까요. 심지어 초등학교 1학년도 방정식을 배워요. '친구에게 사과 2개를 줬는데 3개 남아 있으면 원래 몇 개를 가지고 있었나?' 식의 문제가 모두 방정식이니까요.

원래 넣 개였던 거지?

그런데 참 신기한 것이 있습니다. 그토록 오랫동안 배운 방정식인데 정작 왜 배웠냐고 물으면 눈동자만 굴리게 되거든요. 방정식이 전하고자 했던 지혜는 과연 무엇일까요?

학교에서 배우는 방정식의 정의

방정식方程式은 '미지수를 포함하는 등식'입니다. 영어로는 'Equation'이라고 하죠. 뭔가 2가지의 양이 같다는 의미 같죠? 네, 맞습니다. 2개의 식이 등호의 관계를 가지면서 미지수를 포함하면 그것이 바로 방정식입니다. 예를 들어 볼까요?

$$3x + 5 = 11$$

이것은 방정식입니다. '$3x+5$'와 '11'이라는 2개의 식이 등호로 연결되어 있으니까요. 또 미지수 x를 포함하고 있으니 방정식의 모든 조건을 가지고 있는 거죠. 여기서 방정식의 한 가지 특징이 나타납니다. 미지수 x의 값이 무엇인지에 따라 방정식은 참일 수도 있고 거짓일 수도 있다는 거예요. 위 식의 경우는 x가 오직 2인 경우에만 참이며 다른 값에서는 거짓이 되지요.

이렇게 방정식을 참으로 만드는 미지수의 값을 근 또는 해라고 합니다. 여기까지가 학교에서 배우는 방정식의 정의이죠.

방정식은 3800년 전부터 '노잼'이었다

그런데 방정식의 가장 결정적인 특징이 뭔지 아세요? 그것은 바로 재미가 없다는 거예요. 방정식 문제들은 하나같이 억지스럽고 부자연스럽거든요.

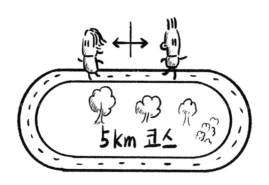

세상에 이렇게 산책하는 사람이 어딨어!

철수와 영희가 공원 둘레길을 걷습니다. 둘레길은 한 바퀴가 5킬로미터입니다. 같은 지점에서 출발하여 반대 방향으로 걸으면 10분 뒤에 서로 만나고 같은 방향으로 걸으면 2시간 뒤에 만납니다. 철수가 더 빨리 걷는다고 할 때 철수의 속력은 얼마일까요?

도대체 이런 문제를 왜 풀어야 하죠? 그냥 공기 좋은 둘레길 걸으면 힐링도 되고 좋은 것 아닌가요? 걷다 힘들면 쉬기도 하고 다른 사람 구경도 하고 그런 거지, 똑같은 속력으로 걷는 사람이 어디 있나요? 진짜 그렇다면 철수도 참 피곤한 친구인 거죠. 아이들은 이런 의미 없는 문제들을 수년 동안 풀어야 해요. 게다가 틀리면 꾸지람을 듣죠. 이런 방정식 문제들을 풀면서 수학의 쓸모나 재미를 느꼈던 아이가 몇이나 될까요?

이번에는 다른 방정식 문제를 한번 보겠습니다.

> 2개의 농지가 있습니다. 2개 농지의 총면적은 500평이에요. 첫 번째 농지에서는 평당 2.3킬로그램의 곡식을 수확할 수 있고 두 번째 농지에서는 평당 1.7킬로그램의 곡식을 수확합니다. 첫 번째 농지에서 생산된 수확량이 두 번째 농지보다 500킬로그램이 더 많았다면 각 농지의 면적은 어떻게 될까요?

역시 억지스럽죠? 문제를 낸 사람은 이미 농지의 평당 수확량을 알고 있습니다. 그럼 농지 면적과 매년 수확된 곡식의 양도 알고 있었을 텐데 왜 농지 면적을 다시 물어보는 거죠? 그리고 농사를 지으면서 자기 땅이 몇 평인지도 모르는 농부가 어디 있겠어요. 도대체 이 한심한 농지 문제는 누가 낸 거죠?

이 농지 면적을 구하는 문제는 고대 바빌

엄마의 수학책

로니아의 점토판에서 처음 발견되었어요. 계량 단위와 숫자만 조금 익숙하게 바꿨을 뿐입니다.

약 3800년 전의 방정식 문제도 지금과 크게 다르지 않게 억지스러 웠다는 사실이 놀라울 뿐입니다. 이 점토판의 기록이 어떤 용도인지 는 모르겠습니다. 당시 교과서일 수도 있고 귀족들이 노예들 앞에서 잘난 체하려고 만든 것일 수도 있겠죠. 확실한 것은 아주 오래전부터 방정식은 억지스럽고 쓸모없어 보인다는 거예요.

그러니 세상의 모든 방정식 문제를 한곳에 모아 놓고 보면 가관이 겠죠. 실생활에 쓰일 만한 예제는 찾아보기 힘들고 주어지는 문제 상 황들도 거기서 거기일 테니까요. 기껏해야 소금물이 지겨워지면 설 탕물을 주는 정도겠지요. 그럼 우리는 왜 방정식을 배우는 걸까요? 방정식이 전하는 메시지는 무얼까요?

방정식계의 스테디셀러 문제.

방정식으로 문제 해결력 키우기

　최근 학교나 사회에서 중요한 역량으로 꼽는 것이 '문제 해결력'입니다. '우리 아이 문제 해결력 키우기'와 같은 콘텐츠부터 직장인 인적성 검사까지 문제 해결 역량이라는 용어는 어디에서나 감초처럼 등장합니다. 그럼 과연 문제 해결 역량이란 무엇일까요?

　문제 해결력을 명확히 정의하기는 어려운 것 같아요. 다만 문제 해결력이 단순히 시험 문제를 잘 푼다거나 답을 찾는 요령을 말하지는 않을 거예요. 그보다는 살면서 맞닥뜨리는 다양한 상황을 어떻게 받아들이고 해석하는지와 관련된 이야기가 아닐까 싶습니다. 삶에서의 문제 해결 과정은 크게 3단계로 이루어집니다.

문제 해결 3단계.

　첫 번째는 목표를 명확하게 하는 거예요. 문제 해결 과정에서 가장 중요한 단계라고 할 수 있습니다. 의외로 우리는 해결하고 싶은 과제가 무엇인지도 모른 채 살아가는 경우가 많거든요. 문제의 대상도 모르는데 해결책을 제시하기란 불가능하겠지요.

방정식을 세우는 것은 목표를 구체화하는 과정에 속해요. 설탕물의 농도가 궁금하면 농도를 미지수로 두고, 설탕의 질량이 알고 싶다면 질량을 미지수로 두어야 하죠. 이렇게 알고 싶은 것을 구체적으로 지목하고 나면 우리는 어디에 집중해야 하는지 명확해지죠.

목표를 명확하게 짚는 역량.

두 번째는 문제를 유형별로 분류할 수 있는 통찰이에요. 전혀 관련이 없어 보이는 문제들도 유심히 관찰하면 어떤 유사점을 찾을 수 있죠. 편의점에서 과자를 고르는 아이와 회사에서 중요한 투자 결정을 하는 CEO를 예로 들 수 있어요. 두 사람은 겉으로는 전혀 다른 고민을 하는 것처럼 보이지만 제한된 자원 안에서 최고의 만족을 얻으려 한다는 점에서 같은 유형의 문제를 안고 있는 셈이죠.

방정식의 분류 과정도 비슷해요. 복잡한 항들이 뒤죽박죽 섞여 있어 유사점을 전혀 찾을 수 없는 식들도 찬찬히 들여다보면 공통점을 찾아 분류할 수 있어요. 일차식, 이차식, 삼차식과 같이 최고차항의 차수를 기준으로 분류하는 방법이죠.

마지막 세 번째는 각 유형에 맞는 해결책을 제시하는 거예요. 보통

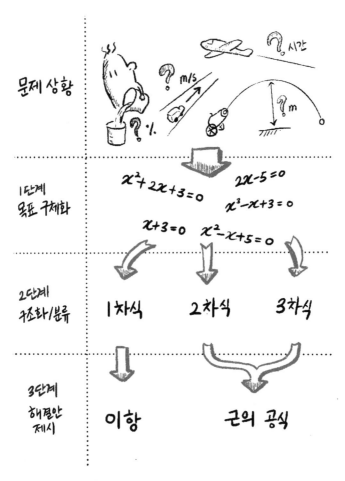

방정식으로 배우는 문제 해결 과정.

엄마의 수학책

같은 유형의 문제는 같은 해법을 이용해 풀 수 있습니다. 방정식도 유형별로 그 해법이 거의 정해져 있어요. 일차 방정식은 이항으로 풀 수 있고, 이차 방정식부터는 근의 공식처럼 이미 검증된 해결책이 있거든요.

방정식이 우리에게 주는 가르침은 문제 해결력에 관한 것이에요. 아무리 복잡해 보이는 문제도 정신 똑바로 차리고 보면 이미 내가 알고 있는 몇 가지 유형의 문제로 분류할 수 있다고 조언해 주죠. 그다음은 가장 자신 있는 해법으로 뚝딱 해결해 버리면 그만이고요. 그러니 쫄지 말고 당당하게 문제에 맞서라고 말해 주고 있답니다.

5장

이항
항을 넘기다 보면 문제가 간단해진다

이항의 '이'는 한자로 '옮길 이移'를 씁니다. 이사나 이민할 때 사용되는 '이'지요. 즉, 이항이란 항을 옮긴다는 의미를 갖고 있어요. 그러니 사람들은 항이 등호를 뛰어넘어 반대편으로 넘어가는 상상을 합니다. 그런데 정말 항이 이동하는 걸까요?

다른 나를 원하면 등호를 넘어 봐!

이항과 등식의 성질

이항을 이해하기 위해서는 우선 등식을 알아야 합니다. 등식은 등호 관계의 식으로 마치 평형을 유지하는 양팔 저울과 같죠. 양팔 저울의 한쪽에서 100그램을 덜어 내면 다른 한쪽도 100그램을 덜어 내야 하듯 등식은 양변을 아주 공평하게 대해 줄 때만 만족합니다. 만약 어느 한쪽이라도 공평하지 않게 대하면 금방 부등식이 되겠지요. 이것은 등식이라는 단어만으로도 충분히 유추할 수 있는 내용입니다.

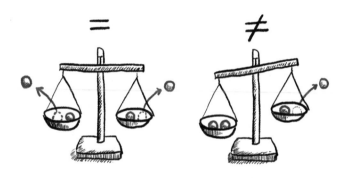

1. 등식의 양변에 같은 수를 더하면 등식은 성립한다.

2. 등식의 양변에서 같은 수를 빼면 등식은 성립한다.

3. 등식의 양변에 같은 수를 곱하면 등식은 성립한다.

4. 등식의 양변을 0이 아닌 같은 수로 나누면 등식은 성립한다.

그저 양변을 똑같이만 대해 주면 언제나 등식은 만족스러운 얼굴로 우리를 맞이합니다. 이것을 우리는 등식의 성질이라고 하죠.

다시 이항 이야기를 계속해 볼까요? 중학교에서 처음 이항을 배우는 아이들에게 이항이 무엇이냐고 물어보면 항이 넘어가면서 부호가 바뀌는 것이라고 답하는 경우가 많아요. 플러스가 넘어가면 마이너스가 되고, 마이너스가 넘어가면 플러스가 된다고 말이죠. 이항을 부호가 바뀌는 현상이라고 오해하는 아이들도 있습니다. 간혹 곱셈과 나눗셈 관계의 인자도 등호를 넘기면서 부호를 바꾸는 아이들이 있거든요.

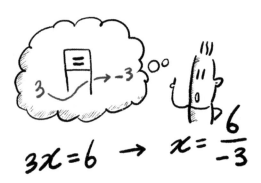

넘어가면 부호는 무조건 바뀌는 건가?

우리는 이항이 등식의 성질에서부터 나왔음을 이해해야 합니다. 부호 바뀜부터 강조하는 학습은 아이들만 혼란스럽게 할 뿐이지요. 이항의 예를 하나 들어 볼게요. 여기 등식이 있습니다.

$$\chi + 2 = 5$$

'$x+2$'와 '5'라는 2개의 식이 등호 관계에 있지요. 양변에서 2만큼 빼겠습니다. 같은 수를 빼 주었으니 등식 관계는 유지하겠지요? 그런데 가만히 등식을 보면 마치 2가 좌변에서 우변으로 넘어가면서 부호가 바뀌는 것처럼 보입니다. 하지만 어떤 항도 등식을 뛰어넘지 않았어요. 그저 등식의 성질에 따라 양변을 동일하게 대해 주었을 뿐이지요.

$$\chi + 2 = 5$$
$$\chi + 2 - 2 = 5 - 2$$
$$\chi = 5 - 2$$

방정식을 정리하고 분류하고 해결하다

이항이 방정식에서 갖는 의미는 2가지가 있습니다. 하나는 방정식을 정리하고 분류하는 도구로써 의미가 있어요. 어떤 문제 상황을 방정식으로 만들고 나면 그 모습은 천차만별입니다. 항들이 뒤죽박죽 섞여서 모두 다른 유형의 문제들로 보이죠.

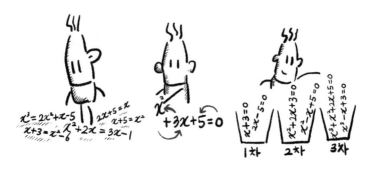

차수에 따라 방정식 분류하기.

그래서 이항이 필요합니다. 항들을 차수별로 모으고 정리해야 방정식이 어떤 유형에 속하는 문제인지 확인할 수 있거든요. 이렇게 분류한 방정식의 최고차항 차수가 일차이면 일차 방정식, 이차면 이차 방정식과 같이 분류하는 거죠.

이항의 두 번째 의미는 일차 방정식의 해법으로 이용될 수 있다는 거예요. 방정식을 푼다는 것은 미지수에 숨어 있는 값을 보기 편하도록 '$x = \square$'의 꼴로 만드는 거예요. 그런데 일차 방정식은 이항만으로 충분히 $x = \square$의 꼴로 만들 수 있거든요. 그래서 이항은 일차 방정식의 해법이 됩니다.

대수학의 이름이 된 이항

대수학代數學은 뭘까요? 대수학의 '대'를 '큰 대大' 자로 착각하는 분

커서 대수학이 아닙니다…

도 있는데 '대신할 대代' 자입니다. 그럼 무엇을 대신할까요?

물론 숫자를 대신한다는 의미예요. 즉, 대수학은 숫자를 대신하는 문자에 관한 수학 분야라고 볼 수 있습니다. 방정식도 대수학의 한 부분이고요. 대수학을 영어로 'Algebra(알지브라)'라고 하는데, 이 단어는 대수학의 아버지라 불리는 9세기 페르시아의 수학자 알 콰리즈미 Al-khwarizmi가 쓴 수학책《al-jabr al-muquabala(알자브르 왈 무카발라)》

대수학의 어원은 이항.

에서 유래했습니다. 여기서 'al-jabr'는 현대적 의미의 '이항'을 의미하고 'al-muquabala'는 '동류항 정리'를 의미해요. 이후 그의 책이 유럽으로 넘어가 번역되었고 'al-jabr'를 'algebra'로 표기하면서 지금의 대수학을 의미하게 되었죠. 이처럼 대수학이라는 단어의 기원은 원래 이항에 있습니다.

　물론 이항 자체가 대수학은 아닙니다. 하지만 이항이 대수학 발전에 이바지한 공로를 생각한다면 그만한 대우를 받을 수도 있겠다는 생각이 드네요.

6장

근의 공식
너만 알고 있어야 했던 비밀

방정식을 푼다는 것은 결국 식을 '$x = \square$'의 꼴로 만드는 방법이라고 했어요. 이차 방정식을 $x=\square$로 만드는 방법은 여러분도 잘 알고 있는 근의 공식이에요.

이차 방정식	$x = \square$
$ax^2+bx+c=0$	$x = \dfrac{-b \pm \sqrt{b^2-4ac}}{2a}$

아무리 졸업한 지 오래되었어도 이차 방정식 근의 공식은 기억하고 계실 기예요. 학창 시절 미치 한 편의 시를 암송하듯 입에 달고 살아야 했으니까요. 그다지 아름다운 운율의 시는 아니었지만요.

이차 방정식 근의 공식은 역사가 꽤 깊어요. 고대 바빌로니아 시절에도 이차 방정식의 해법이 논의되었다고 하니까요. 이차 방정식은

누구나 머릿속에 시 한 편은 담고 산다.

영어로 'Quadratic Equation'이라고 하는데, 사전을 찾아보면 'quadratic'은 사각형과 관련된 용어입니다. 이름이 주는 의미처럼 사각형의 넓이와 관련된 문제들이 이차 방정식으로 표현되는 경우가 많거든요.

넓이 하면 가장 먼저 떠오른 것이 있지요? 바로 땅입니다. 땅이 돈이 되는 농경 사회부터 토지의 넓이를 구하는 문제는 중요한 관심사가 되었고 이차 방정식 해법도 자연스레 등장하게 된 거지요.

부와 명예를 건 근의 공식 대결

이차 방정식의 해법은 일찌감치 만들어져 보편적으로 사용되었지만 삼차 방정식을 포함한 고차 방정식의 해법은 그다지 세간의 관심을 받지 못했습니다. 일상이나 자연과학 분야에서도 삼차 이상의 방정식은 잘 등장하지 않거든요. 풀어낼 필요가 없으니 해법을 연구할 필요도 없었던 거죠.

그러던 중 고차 방정식의 해법이 필요한 시대가 오게 됩니다. 바로 화폐 경제가 급속도로 확산하던 유럽의 르네상스기예요. 이자의 복리 계산이라든가 무역 활동의 세금 계산에서 고차 방정식이 자주 등장하기 시작했거든요. 이자나 세금 내기 싫어하는 것은 그때나 지금이나 비슷한 마음이었겠죠? 손해 보기 싫은 상인들은 유능한 수학자들을 포섭하기 시작합니다. 자연스럽게 수학에 대한 관심도 높아졌고요. 상인 자녀를 위한 수학 과외가 성행할 정도로 르네상스기는 수학자들에게 '물 들어오는' 시기였지요.

방정식 해법에 대한 수요가 증가할수록 수학자들의 몸값도 치솟기 시작합니다. 근의 공식을 아는 수학자는 더 정확하고 빠르게 계산할 수 있었고 그만큼 부와 명예를 가져갔죠. 그러다 보니 수학자들에게 근의 공식은 보물이자 무기와도 같은 존재였습니다.

근의 공식이 돈이 되던 시절.

당시 근의 공식이 수학자들에게 얼마나 소중했는지를 보여 주는 니콜로 폰타나 타르탈리아Niccolo Fontana Tartaglia의 일화가 있습니다. 삼차 방정식의 해법을 둘러싼 그의 이야기는 웬만한 아침 드라마 뺨치는 배신과 복수 스토리로 유명하지요. 타르탈리아는 사실 말더듬이라는 뜻입니다. 여섯 살 무렵 전쟁 통에 아버지를 잃고 자신은 혀를 다치는 상처를 입어 말더듬이가 되었다고 하더군요. 찢어지도록 가난했던 그는 이름 대신 타르탈리아라고 불렸습니다. 하지만 그는 분명 재능이 출중한 수학자였죠.

어느 날 그에게 베네치아의 수학자 안토니오 피오르가 찾아와 삼차 방정식을 푸는 대결을 하자고 합니다. 수학 문제로 결투를 한다는 아이디어가 언뜻 이해되지 않지만 그 당시 정서로는 가능했나 봅니다. 아무튼 피오르는 자신만만했습니다. 사실 피오르의 스승은 스키피오 델 페로Scipione del Ferro라는 수학자였는데, 페로는 완벽하지 않지만 삼차 방정식의 근의 공식을 알고 있었거든요. 정확히 말하자면 이차항이 없는 삼차 방정식 '$ax^3+cx+d=0$'의 근의 공식을 알아낸 사람이지요. 죽을 때까지 비밀로 하다가 죽기 직전 피오르에게 전수해 줬고 스승의 공식으로 무장한 피오르는 타르탈리아와의 삼차 방정식 대결에서 당연히 이길 것이라고 자신했습니다. 하지만 타르탈리아는 이미 완전한 일반형의 삼차 방정식 '$ax^3+bx^2+cx+d=0$'의 해법을 알고 있었기에 이 결투는 피오르의 참패로 끝납니다.

타르탈리아의 승리 소식은 일파만파로 퍼져 나갔습니다. 그 소식

삼차 방정식 대결 1차 대진표.

에 반응한 사람은 지롤라모 카르다노Girolamo Cardano였습니다. 카르 다노는 타르탈리아와 달리 꽤 상류층에 속하는 수학자였는데 어느 날, 카르다노는 타르탈리아를 찾아갑니다. 그리고 삼차 방정식 근의 공식을 알려 달라고 부탁하게 되죠. 물론 타르탈리아가 선뜻 알려 주지는 않았을 거예요. 하지만 무슨 연유인지 몰라도 미공개 조건으로 그에게 근의 공식을 알려 줍니다. 돌이키지 못할 실수를 저지르고 만 것이지요. '너만 알고 있어야 하는 비밀'의 끝이 늘 그렇듯, 카르다노 는 삼차 방정식 해법을 자신의 논문에 게재해 버립니다. 지금까지도 사람들은 삼차 방정식 근의 공식을 '카르다노 공식'이라고 부르지요.

다르탈리아는 분을 참지 못하고 따지러 갔지만 카르다노는 오리 발을 내밉니다. 오히려 타르탈리아를 떠버리 수학자라고 몰아세우 며 타르탈리아가 진정 삼차 방정식의 해법을 발견했다면 자신의 제 자 로도비코 페라리Lodovico Ferrari와 수학 대결을 해 보라고 부추깁니

세상에 완벽한 비밀이 없는 이유.

다. 부하 먼저 내보내는 보스처럼 말이에요. 그런데 카르다노의 제자, 페라리는 의외의 다크호스였어요. 훗날 사차 방정식 근의 공식을 구할 정도로 실력자였거든요. 결국 타르탈리아는 페라리와의 대결에서 지고 세간의 비난을 받아야 했습니다. 사람들은 가난한 수학자 타르탈리아의 이야기보다 명성 높은 카르다노의 이야기에 더 귀를 기울였으니까요. 타르탈리아는 그렇게 불행한 말년을 보냈습니다.

삼차 방정식 대결 2차 대진표.

엄마의 수학책

몇 차 방정식까지 근의 공식이 있을까?

타르탈리아의 일화가 알려 주듯 당시 수학자들에게 근의 공식은 곧 힘이고 명예였습니다. 타르탈리아 이후에도 고차 방정식 근의 공식을 찾으려는 수학자들의 노력은 계속되었어요. 타르탈리아에게 불명예를 안겨 주었던 카르다노의 제자 페라리가 사차 방정식 해법을 발견한 이후 많은 수학자가 오차 방정식의 근의 공식을 찾고자 노력했습니다. 그러다가 19세기 노르웨이의 수학자 닐스 헨리크 아벨 Niels Henrik Abel이 오차 방정식 근의 공식을 대수적으로 만들 수 없음을 증명하면서 수학자들의 여정에 종지부를 찍게 되지요. 그래서 근의 공식은 사차 방정식이 끝이에요.

내가 해결할 수 있는 범위를 아는 것

처음 방정식의 겉모습은 숨이 턱 막힐 정도로 다양했습니다. 소금물, 설탕물, 자동차 달리기 등등 방정식을 만들어 내는 문제 상황도 천차만별이었지요. 하지만 걱정할 것 없어요. 방정식을 세우고 차수별로 분류할 수만 있다면 일차 방정식은 이항으로, 이차 방정식은 근의 공식으로 간단히 해를 구할 수 있으니까요.

그런데 만약 오차 방정식을 만난다면 어떨까요? 매우 당황스러우시겠지요? 하지만 내가 해결할 수 없는 범위의 문제는 과감히 포기하는 것도 실력입니다. 우리의 삶도 마찬가지예요. 살다 보면 가끔 우리는 오차 방정식과 같은 문제들을 만날 때가 있거든요. 내 통제 범위를 벗어난 고민처럼 말이죠. 이미 지나가 버린 일과 생기지도 않은 일을 고민하며 우리는 살아가는지도 모르겠습니다.

인생의 오차 방정식을 짊어지고 살아가네.

문제 해결력이라고 하는 것은 결국 내가 해결할 수 있는 범위가 어디까지인지 명확히 아는 것도 포함하고 있어요. 고민해야 할 것만 골라서 고민하는 능력, 이것이 바로 방정식이 주는 또 하나의 지혜일 수 있겠습니다.

4부

도형

: 늘리고 줄이고 쪼개고 겹치는 재미

1장

삼각형과 원
도형 세계를 구성하는 2개의 DNA

누구나 학창 시절에 도형을 배웠던 기억이 있으실 거예요. 여러분은 어떤 도형을 가장 많이 보셨나요? 혹시 삼각형과 원 아닌가요? 수학자들은 그 많은 도형 중에 왜 하필 삼각형과 원을 그토록 사랑했을까요?

우리가 삼각형을 사랑하는 이유

우리가 아는 한 도형의 종류는 무수히 많습니다. 삼각형, 사각형, 오각형, 육각형처럼요. 일정한 형태의 도형뿐 아니라 매우 불규칙한 모양의 도형도 있겠죠.

이렇게 많은 도형 중에 우리는 왜 삼각형에 그토록 공을 들였을까요? 그 이유는 삼각형이 이런 도형들의 기본 재료이기 때문이에요. 일정한 선분과 각으로 이루어진 도형들은 잘게 쪼개 보면 결국 여러 삼각형의 조합이거든요.

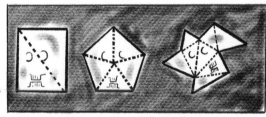

도형들의 엑스레이 사진.

그러니 삼각형의 성질만 정확히 알 수 있다면 우리는 다른 도형들의 성질도 자연스럽게 이해할 수 있게 됩니다. 마치 생명의 복잡한 원리를 이해하기 위해 세포 속 DNA를 연구하듯, 도형을 이해하는 데 삼각형이 결정적 열쇠가 되는 셈이지요.

실제로 삼각형은 다각형을 이루는 최소 단위이기도 합니다. 다각형은 일정한 면이 있어야 하는데, 점 하나 또는 2개로는 면을 만들 수 없거든요. 두 점 사이를 이어도 선분 하나가 될 뿐 면을 만들어 내지 못하니까요. 즉, 면을 이루기 위해서는 최소 3개의 점이 필요합니다. 삼각형은 다각형의 최소 단위이면서 가장 근본이 되는 도형인 셈이지요.

다각형의 최소 조건.

삼각형으로 만들 수 없는 도형도 있다

삼각형은 어떤 도형도 만들어 내는 만능 재료입니다. 아무리 복잡한 모양도 결국 잘게 쪼개 보면 삼각형의 집합이 되니까요. 그러나 딱 한 가지, 삼각형으로 만들 수 없는 도형이 있습니다. 바로 부드러운 곡선을 가진 원이에요. 각을 가진 삼각형은 죽었다 깨어나도 원이 될 수 없거든요. 자신을 무수히 쪼개 가며 수련을 한다 해도 원이 가진 둥글고 원만한 성질을 흉내 내기란 불가능하죠. 왜냐하면 원은 각이 있는 도형들과는 전혀 다른 DNA를 가졌거든요.

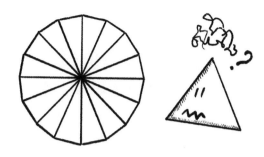

뭔가 부족해…

도형의 세계에는 2종류의 DNA가 있습니다. 각의 DNA를 가진 도형과 곡면의 DNA를 가진 도형들이에요. 그리고 각각의 도형 종족에서 가장 대표적인 도형이 삼각형과 원이었던 거죠. 이제 왜 학교에서 배웠던 도형을 떠올리면 삼각형과 원이 가장 먼저 떠오르는지 감이 오셨나요?

도형 세계의 2개의 DNA.

2장

특별한 삼각형들
삼각형 세상의 인싸 3형제

우리가 삼각형을 중요하게 공부했던 이유는 각을 가진 도형들의 기본 재료가 삼각형이기 때문이에요. 그런데 곰곰이 생각해 보면 여기에 의아한 점이 있습니다. 사실 삼각형의 모양은 천차만별이거든요. 점 3개만 이으면 삼각형이 되니까 그 모양이 얼마나 다양하겠어요? 그렇다고 모든 모양의 삼각형을 공부하지는 않아요. 우리가 기억하는 삼각형은 대부분 정삼각형, 이등변 삼각형, 직각 삼각형처럼 특

정한 모양을 갖는 삼각형들이거든요. 이것들만 공부한 이유가 따로 있을까요?

무수히 많은 삼각형이 한데 모여 사는 세상이 있다고 상상해 봅시다. 이 삼각형 세상에 정삼각형은 몇 개일까요? 서로 닮은 삼각형이 없다면 정삼각형은 오직 하나뿐일 거예요. 정삼각형은 삼각형 세상에서도 매우 희귀한 존재인 거죠.

특이한 삼각형이라고 하면 이등변 삼각형이나 직각 삼각형도 빼놓을 수 없습니다. 전체 삼각형 인구 중에 아주 극소수를 차지할 테니까요. 만약 삼각형 세상에서 길을 가다 정삼각형, 이등변 삼각형, 직각 삼각형을 마주친다면 그날은 반드시 로또를 사셔야 할 거예요. 평생 몇 번 마주치지 못할 삼각형들이니까요.

독특한 성질의 삼각형들

수학자들은 삼각형을 크게 3가지 유형으로 분류할 수 있다고 생각했습니다. 삼각형의 세 각 중 어느 한 각을 기준으로 분류하는 방식이지요. 이 각도가 직각보다 작으면 예각 삼각형, 정확히 직각이면 직각 삼가형, 직각보다 크면 둔각 삼각형이라 불렀습니다. 우리가 자주 접하는 이등변 삼각형은 예각 삼각형 안에 속하고, 정삼각형은 다시 이등변 삼각형에 속하는 구조로 되어 있지요.

우리는 이 분류만으로도 많은 사실을 알 수 있습니다. 우선 수평적

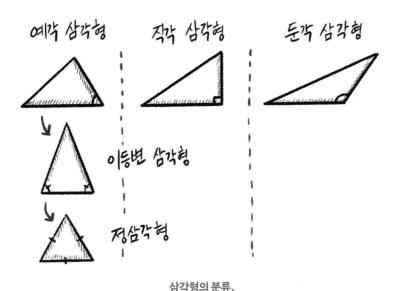

예각 삼각형　　　직각 삼각형　　　둔각 삼각형

이등변 삼각형

정삼각형

삼각형의 분류.

위치에 놓인 예각, 직각, 둔각 삼각형끼리는 성질이 다릅니다. 예를 들어 직각 삼각형에 적용 가능한 피타고라스의 정리는 예각이나 둔각 삼각형에서 사용할 수 없듯이 말이에요.

반면에 예각 삼각형, 이등변 삼각형, 정삼각형처럼 서로 속하는 관계에서는 같은 성질을 공유하게 됩니다. 예를 들어 이등변 삼각형은 예각 삼각형의 성질을 모두 가지면서 자신만의 고유한 성질도 있고요. 정삼각형은 이등변 삼각형의 성질 모두를 가지면서 또한 자신만의 성질이 있는 거죠. 결론적으로 정삼각형이 가장 많은 성질을 가지게 됩니다.

이처럼 희귀한 삼각형일수록 여러 특징을 많이 가지게 돼요. 학교에서 이등변 삼각형, 정삼각형, 직각 삼각형을 중요하게 배웠던 이유가 바로 여기에 있습니다. 독특한 성질이 많다는 것은 곧 수학에서 활용 가치가 높다는 뜻이죠. 쓰임새가 많은 만큼 수학자들의 사랑을 받는 것도 당연한 결과죠.

삼각형 나라의 인싸들.

3장

직각 삼각형과 삼각비
수학자들이 가장 사랑하는 삼각형

정삼각형, 이등변 삼각형, 직각 삼각형은 모두 독특한 특징이 많아 수학자들이 좋아하는 삼각형입니다. 그런데 그중에서도 톱Top을 뽑으라고 하면 어떤 삼각형을 꼽을 수 있을까요? 물론 설문 조사를 해 본 것은 아니지만 아마도 직각 삼각형일 거예요.

교과서를 뒤적여 보면 왜 직각 삼각형이 톱인지 금방 아실 수 있습니다. 직각 삼각형은 어디에나 빠지지 않고 등장하는 인싸 중의 인싸거든요. 너무도 잘 알려진 피타고라스의 정리 말고도 삼각비, 삼각함수 등 굵직한 단원들에서 직각 삼각형은 빠지지 않고 등장하죠. 그럼 왜 직각 삼각형이 수학자들의 '최애템'이 되었을까요?

합동과 닮음의 차이

합동과 닮음은 비슷한 용어 같지만 큰 차이가 있습니다. 두 도형이 합동이라는 의미는 서로 포개었을 때 정확히 일치하는 것을 말해요. 모양도 크기도 같은 도형인 거죠. 반면에 닮음은 모양은 서로 같지만 크기가 다른 경우를 말합니다. 스마트폰 화면을 두 손가락으로 확대하거나 축소하는 것을 떠올리면 이해가 쉬울 거예요.

닮음의 중요한 특징은 도형의 크기가 달라져도 변과 변 사이의 비율이 항상 유지된다는 점이에요. 모든 변이 같은 배수로 커지거나 작아지니까요. 예를 들어 밑변이 1이고 다른 두 변이 2인 이등변 삼각형을 생각해 볼까요? 밑변과 다른 한 변의 비는 1:2이겠죠. 이 삼각형을 2배로 키워도 닮은꼴을 유지한다면 역시나 밑변과 다른 한 변의 비는 1:2가 될 거예요.

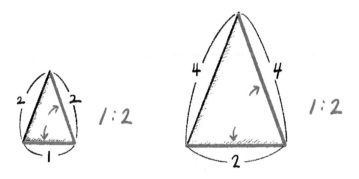

서로 닮았다면 변끼리의 비율은 항상 같다.

하나라도 충족하지 않으면 닮은 게 아니다

　수학에서 도형의 닮음은 꽤 유용한 성질이에요. 어떤 도형에서 발견한 특징을 그와 닮은 모든 도형에 동일하게 적용할 수 있으니까요. 따라서 수학자들의 관심은 두 도형이 서로 닮았는지 아닌지를 밝히는 문제로 자연스럽게 넘어갔습니다.

　여기서 삼각형의 3가지 닮음 조건이 등장해요. 언뜻 들으면 아이돌 그룹 이름 같은 'SSS, SAS, AA' 닮음이 그것이죠. S는 'side'의 첫 글자로 변을 의미하며, A는 'angle'의 첫 글자로 각도를 의미합니다. 즉 SSS는 세 변의 비가 같은 경우, SAS는 두 변의 비가 같고 사잇각(끼인

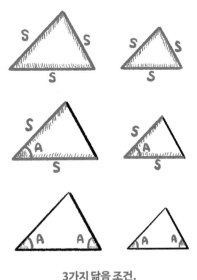

3가지 닮음 조건.

각)이 같은 경우, AA는 두 내각이 같은 경우를 의미합니다. 어떤 크기의 삼각형도 이 3가지 조건 중 하나에 해당한다면 서로 닮음으로 볼 수 있습니다.

하나의 내각만 같아도 닮음이다

직각 삼각형이 수학자들에게 가장 사랑받는 이유는 바로 닮음 조건이 매우 간단하다는 거예요. AA 닮음처럼 삼각형은 최소한 2개의 내각이 같아야 닮음임을 증명할 수 있거든요.

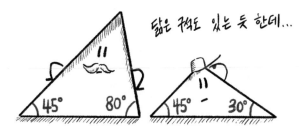

내각 2개는 같아야 닮았다고 할 수 있다.

그런데 직각 삼각형은 내각 중 1개가 이미 직각으로 결정되어 있잖아요? 그러니 나머지 두 내각 중 하나만 같으면 닮은꼴이 되는 서죠.

예를 들어 하나의 내각이 α이고 밑변, 높이, 빗변의 길이가 각각 a, b, c인 직각 삼각형이 있다고 해 보죠. 그럼 같은 α의 내각을 가진 직각 삼각형들은 크기에 상관없이 모두 닮음 조건이 됩니다.

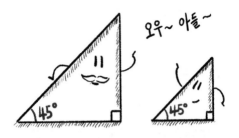

동일하게 '직각'이 있으므로 결국 내각 2개가 같다.

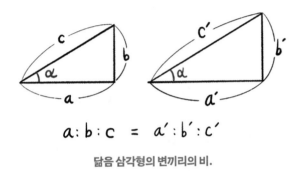

$$a:b:c = a':b':c'$$

닮음 삼각형의 변끼리의 비.

닮음의 성질에 따라 각 변끼리의 비율 또한 같게 되겠지요.

빗변에 대한 높이의 비율이 서로 같다→ $(\frac{b}{c} = \frac{b'}{c'})$

빗변에 대한 밑변의 비율이 서로 같다→ $(\frac{a}{c} = \frac{a'}{c'})$

밑변에 대한 높이의 비율이 서로 같다→ $(\frac{b}{a} = \frac{b'}{a'})$

엄마의 수학책

이것이 바로 삼각비의 핵심 개념입니다. 하나의 내각만으로 닮음이 결정되는 직각 삼각형의 성질을 활용하는 것이죠.

삼각비를 활용해 피라미드 높이를 재다

그럼 삼각비는 어디에 활용할 수 있을까요? 삼각비의 활용으로 유명한 일화는 탈레스의 피라미드 높이 재기입니다. 기원전 570년경 이집트의 제26왕조 왕 아마시스는 당대 최고의 수학자 탈레스를 만납니다. 아마시스는 쿠푸 왕의 대피라미드의 높이가 궁금하다며 탈레스에게 피라미드의 높이를 재는 법을 물었습니다. 참 별것이 다 궁금했던 거지요. 건축 기술이 그토록 발달했던 이집트인데 피라미드를 기분 내키는 대로 지었겠어요? 철저한 설계 도면을 이용해 지었을 테니 그 도면만 보면 피라미드 높이 정도는 쉽게 알 수 있었겠지요. 그런데도 굳이 수학자를 불러서 피라미드 높이를 물어보는 심보는 어디서 나온 걸까요?

아무튼 탈레스는 그의 명성답게 참신한 방법으로 피라미드의 높이를 재어 왕을 놀라게 했습니다. 바로 나뭇가지 하나로 피라미드 높이를 쟀거든요. 탈레스는 곧은 나뭇가지를 주위 외 모래 위에 수직으로 세웠어요. 그리고 태양 빛이 평행하게 입사된다는 점을 이용해 나뭇가지와 피라미드의 그림자가 만든 2개의 직각 삼각형이 닮음이라고 말합니다. 그리고 나뭇가지로 측정한 밑변과 높이의 비율이 피라

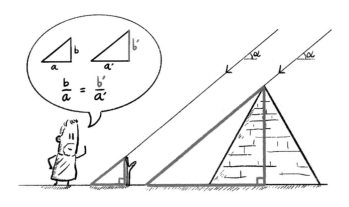

탈레스의 피라미드 높이 재기.

미드에서도 똑같이 적용된다는 사실을 이용해 높이를 계산했죠.

탈레스의 나뭇가지 이야기는 천재들의 일화로 손색이 없습니다. 달걀을 깨서 세웠다거나 욕조에서 넘치는 물을 보고 '유레카'를 외쳤다는 일화처럼 일반인은 아무 생각 없이 지나칠 만한 상황을 놀라운 발견으로 연결시켰으니까요. 어떻게 나뭇가지가 드리운 그림자만 보고 직각 삼각형의 닮음을 생각해 냈겠어요? 천재만이 가능한 발상이지요.

물론 거대한 건축 구조물의 높이를 가늠했던 탈레스의 방법은 요즘 시대에는 사용할 수 없을 거예요. 피라미드의 주변은 온통 평평한 사막이었기 때문에 피라미드의 그림자 거리를 잴 수 있었지만, 요즘처럼 촘촘하게 건물이 들어선 도심에서는 그림자 재기가 쉽지 않지요.

그래서 요즘은 측량용 각도기와 거리 측정기를 이용해 높이를 가늠합니다. 관측 지점에서 지면과 건물의 꼭대기가 이루는 각도를 측정하고 미리 계산된 변끼리의 비율을 이용해 건물 높이를 계산하는 방법이지요. 예를 들어 건물에서 100미터 떨어진 위치에서 건물을 올려다보니 $60°$ 였다면, 직각 삼각형의 한 내각이 $60°$ 일 때 밑변의 길이에 대한 높이의 비율은 삼각형 크기와 상관없이 항상 $\sqrt{3}$ 이라는 점을 이용해 건물 높이를 계산할 수 있습니다.

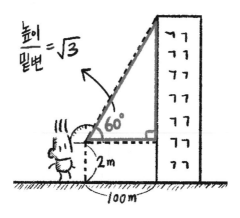

현재 활용되는 측량 원리.

측량기로부터 건물 꼭대기까지 높이 : 밑변 길이 × $\sqrt{3}$ = 100$\sqrt{3}$ 미터

지면으로부터 측량기 높이 : 2미터

따라서 건물 높이 : 100$\sqrt{3}$ + 2미터(약 175미터)

레이저 측량기는 탈레스의 나뭇가지보다 훨씬 세련된 방법처럼 보이죠. 하지만 그 원리는 모두 직각 삼각형의 닮음을 이용하고 있다는 점을 기억하면 좋겠습니다.

단순할수록 특별해지는 삼각비의 특수각

건물 높이를 측량했던 것처럼 직각 삼각형의 각 변끼리의 관계를 내각의 크기에 따라 계산해 두면 매우 편리하겠죠? 그래서 수학자들은 1°부터 시작해서 90°까지 1° 단위로 삼각비 표를 만들려는 시도를 했습니다. 그러면 여러 공학 분야에서 손쉽게 직각 삼각형의 닮음 성질을 활용할 수 있을 테니까요.

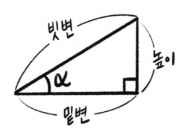

내각(a)	높이/빗변	밑변/빗변	높이/밑변
1°	0.017452406437···	0.999847695156···	0.017455064928···
2°	0.034899496702···	0.999390827019···	0.034920769491···

엄마의 수학책

1° 간격의 삼각비 표는 공학자들에게 분명 유용한 도구가 확실하지만 수학자들에게는 그다지 매력적이지 않았어요. 숫자들이 너무 복잡하니까요. 수학에서 중요한 것은 삼각비를 활용할 수 있는 능력이지 계산 자체는 아니거든요. 그래서 변과의 비율이 비교적 단순하게 나오는 몇 개의 각도에 관해서만 관심을 둡니다. 이 각도를 특수각이라고 하며 30°, 45°, 60° 정도가 해당됩니다.

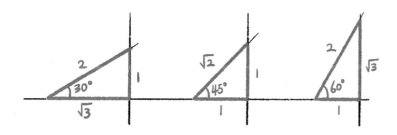

삼각비를 위한 특수각 3형제.

내각	높이/빗변	밑변/빗변	높이/밑변
30°	$\frac{1}{2}$	$\frac{\sqrt{3}}{2}$	$\frac{1}{\sqrt{3}}$
45°	$\frac{1}{\sqrt{2}}$	$\frac{1}{\sqrt{2}}$	1
60°	$\frac{\sqrt{3}}{2}$	$\frac{1}{2}$	$\sqrt{3}$

고등수학에서 더 빛을 발하는 직각 삼각형

직각 삼각형의 응용은 삼각비에서 끝나지 않아요. 고등학교나 대학 과정으로 갈수록 직각 삼각형의 활용은 점점 많아지거든요. 사인함수(sin), 코사인함수(cos)와 같은 삼각함수도 직각 삼각형의 성질에서 유래한 개념이고요. 극좌표계와 복소 좌표계 또는 다양한 기하학적 발견에도 직각 삼각형은 아주 중요한 역할을 한답니다. 그러니 직각 삼각형과 친하지 않으면 고등수학의 심도 있는 개념들을 즐기기 어렵다고 봐야죠. 이처럼 직각 삼각형이 수학자들의 최애템이 된 데는 그만한 이유가 있답니다.

4장

원주율
영원히 도달할 수 없는 원의 신비

하늘을 올려다보면 태양과 달은 둥글고 천체는 원형의 운동을 하죠. 물방울은 둥글게 모이고 잔잔한 호수의 파동은 동그라미를 그리며 퍼져 나갑니다. 모난 돌이 세월의 흐름에 따라 둥글게 변하듯 날렵했던 남편의 턱선과 배도 둥글게 변하죠.

왜 날 또
꿀어들어

자연의 섭리를 따를 뿐.

원은 우주의 진리를 품은 듯한 아우라를 풍기며 우리와 늘 함께합니다. 그만큼 원에 대한 인류의 관심 또한 역사가 매우 깊죠.

3900년 전부터 시작된 질문

고대 바빌로니아와 이집트 사람들은 동그라미를 그리려다 무심코 이런 생각을 합니다. '원둘레 길이는 원의 크기에 따라 달라질 것이다. 큰 원의 둘레는 길 것이고 작은 원의 둘레는 짧겠지. 그래도 지름에 대한 원둘레의 비(이하 원주율)는 일정하지 않을까?' 이 단순하고 뜬금없는 질문이 언제부터 시작되었는지는 명확하지 않습니다. 다만 기록으로 남은 증거는 대략 기원전 1900년이 아닐까 추정하고 있지요.

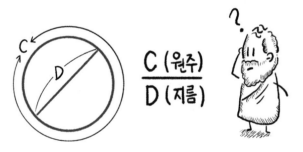

지름에 대한 원둘레의 비율은 일정할까?

그럼 원주율은 어떻게 알 수 있을까요? 가장 직관적인 방법은 실제로 재 보는 거예요. 지름이 1미터인 원판을 만들어 바닥에 굴리면서

둘레의 길이를 측정하는 방법이 있겠지요.

어떻게 만들어도 정확할 수 없다?

하지만 나무 원판을 만드는 데 손재주가 없거나 똑바로 굴리지 못한다면 그 길이는 사람마다 조금씩 다르다는 단점이 있어요. 조금 더 논리적으로 원주율을 구하는 방법은 없을까요?

원주율의 범위를 좁히려는 수학자들의 노력

수학자들은 원둘레의 길이를 알아낼 방법이 궁금했습니다. 그러다가 기원전 200년경 수학자 아르키메데스가 이 문제에 관심을 가지게 되죠. 보통 '유레카'로 기억되는 그분이 맞습니다. 아르키메데스는 원둘레를 직접 계산할 수 없음을 알고 있었어요. 구불구불 휘어진 곡선은 산술적으로 길이를 알 수 없거든요. 그래서 아르키메데스는 다각형을 이용하기로 합니다. 다각형은 둘레가 직선으로 되어 있기 때문에 길이를 계산할 수 있거든요.

아르키메데스는 원의 안과 밖에서 접하는 다각형을 그리고 그 둘레를 계산했습니다. 그러면 최소한 원둘레 길이가 어느 범위에 있는지는 알 수 있다고 생각한 거죠. 원의 안쪽으로 접하는 다각형을 내접다각형, 원 밖을 둘러싸는 다각형은 외접 다각형이라고 하는데요. 원의 둘레는 반드시 내접 다각형의 둘레보다 길고 외접 다각형의 둘레보다 짧다는 사실을 이용했습니다.

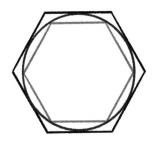

내접다각형의 둘레 〈 원둘레 〈 외접다각형의 둘레

아르키메데스는 다각형의 각을 계속 늘려 가면서 계산을 반복했어요. 다각형은 각이 많아질수록 원에 가까운 모양으로 바뀔 것이고 그만큼 원둘레의 범위를 좁혀 나갈 수 있었거든요. 예를 들어 정육각형을 이용한 경우와 정십이각형을 이용한 경우를 비교해 볼 수 있을 거예요. 각이 많은 정십이각형이 더 좁은 범위로 원둘레를 특정할 수 있게 됩니다.

엄마의 수학책

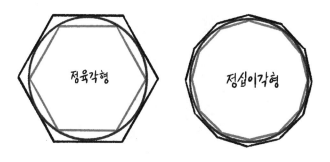

정육각형으로 계산한 원주율 범위 : 3.0000 < 원주율 < 3.4640

정십이각형으로 계산한 원주율 범위 : 3.1056 < 원주율 < 3.2153

아르키메데스는 다각형의 각을 점점 늘려 96각형까지 계산했고 원주율은 3.1408과 3.1429 사이의 어떤 값임을 알아냈죠. 지금은 반복적인 계산을 컴퓨터로 쉽게 할 수 있지만, 종이와 펜조차 풍족하지 않던 시절에 96각형까지 계산하기 위해 아르키메데스는 얼마나 큰 노력을 쏟아야 했을까요? 아마 눈만 감아도 원이 보일 정도였을 거예요.

그가 얼마나 원에 몰입했었는지 보여 주는 일화가 있습니다. 당시 아르키메데스가 살던 시라쿠사는 로마의 침략을 받았습니다. 그의 집 안까지 들어온 로마 병사가 바닥에 그린 원을 밟자 '내 원을 망치지 말라'며 호통을 쳤다지요. 이에 화가 난 로마 병사는 그 자리에서 아르키메데스를 칼로 베어 버렸어요. 목숨마저 두렵지 않을 만큼 아르키메데스에게 원은 절실한 무엇이었나 봐요.

내 원을 망치지 마라!

원주율 계산은 지금도 현재 진행형

아르키메데스의 죽음 이후에도 수많은 수학자가 원주율을 찾는 여행을 멈추지 않았습니다. 5세기 중국의 수학자 조충지祖沖之는 24576각형으로 소수점 6자리까지의 원주율을 구했고요. 1500년대부터는 무한급수를 활용한 방법이 고안되어 소수점 10자리 이상의 원주율을 계산하기도 했지요. 지금은 슈퍼컴퓨터를 이용해 소수점 밑으로 수십조 단위까지 계산할 수 있습니다.

> 원주율=3.14159265358979323846264338327950288419716
> 939937510···

그리고 이제 우리는 알고 있지요. 원주율은 인간이 영원히 도달할 수 없는 무리수라는 것을요. 어차피 끝을 알 수 없는 수이기에 사람들은 이 수를 π(파이)라고 부르기 시작했습니다. π에는 친근하면서도 속내를 알 수 없는 원의 매력이 고스란히 담겨 있는 셈이지요.

목적지까지
3.1 km 경로입니다.
아... 아니..
3.14 km 입니다.
3.141 km 인가?

내비게이션은 결코 정확할 수 없겠지?

5장

원과 직선
둥근 것과 곧은 것의 컬래버레이션

이질적인 것들의 만남은 언제나 새로운 창조로 이어집니다. 수학에서도 이런 창조적 만남이 있습니다. 바로 원과 직선이지요. 원은 둥근 곡선으로 이루어져 있고 직선은 곧은 선으로 이루어져 있거든요. 태생부터 서로 다른 존재입니다. 하지만 이 둘의 만남은 놀라운 발견들로 이어졌고 많은 수학자를 매료시키기에 충분했습니다.

원과 선의 컬래버레이션!

원과 선이 만나는 곳에서 태어난 새로운 용어들

이색적인 컬래버레이션이 새로운 용어를 만들듯 원과 직선의 만남도 몇 가지 용어를 만들어 냈죠. 한번 볼까요? 원과 직선의 조합에는 3가지 경우가 있습니다. 직선이 원과 전혀 만나지 않는 경우, 한 점에서만 만나는 경우, 직선이 원을 가로질러 두 점에서 만나는 경우예요.

원과 선의 콘택트!

직선이 원과 겨우 한 점에서 닿아 있을 때 이 직선의 이름은 원에 접해 있는 선이라는 의미로 '접선接線'이라고 부릅니다. 그리고 서로 만나는 점은 '접점接點'이라고 하지요.

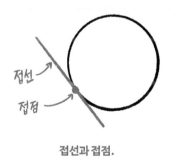

접선과 접점.

직선이 원을 관통하는 경우도 새로운 용어가 많이 등장합니다. 우선 원을 뚫고 지나가는 직선은 원을 나눈다는 의미로 '나눌 할割' 자를 써서 '할선割線'이라고 하고, 할선에 의해 나누어진 원둘레의 일부를 '호', 할선의 일부를 '현'이라고 합니다. 호는 활을 닮았다고 하여 '활 호弧' 자를 사용하고 현은 현악기의 '줄 현弦'을 사용합니다. 진짜 기타의 줄 모양과 닮지 않았나요?

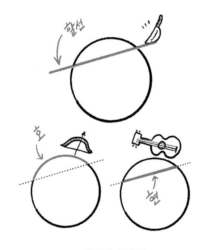

할선과 호와 현.

호와 현으로 만들어진 볼록한 부분은 활시위를 닮았다고 하여 '활꼴'이라고 하며 호의 양 끝점과 원의 중심을 이으면 부채 모양이 드러난다고 하여 '부채꼴'이라는 이름으로 부르기도 하지요.

원과 직선이 만나면 각도와 관련된 단어들이 등장합니다. '중심각'과 '원주각'인데요. 이들은 하나의 호를 어디에서 바라보느냐에 따라

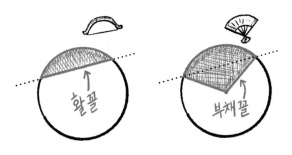

활꼴과 부채꼴.

이름을 붙입니다. 원의 중심에서 호를 바라본 각도는 중심각, 원둘레의 어느 한 점에서 호를 바라본 각도는 원주각이라고 하지요. 원주의 주는 '둘레 주周' 자를 사용합니다.

여기서 한 가지 생각해 볼 것은 중심각과 원주각의 개수예요. 하나의 호에 대해 중심각은 몇 개일까요? 원의 중심이 하나뿐이니 당연히

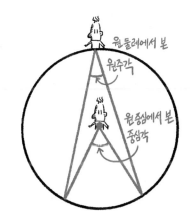

원둘레에서 본
원주각

원중심에서 본
중심각

중심각은 하나뿐이지만 원주각은 무수히 많다.

중심각도 하나뿐이겠지요. 반면 원주각은 같은 호에 대해 무수히 많다는 특징이 있어요. 원둘레의 모든 점에 원주각이 있을 수 있으니까요.

원과 직선이 만났을 뿐인데 참 많은 용어가 등장하죠? 하지만 그 한자어의 의미를 곰곰이 따져 보면 그렇게 어렵게 느껴지는 용어는 없을 거예요.

원과 직선은 직각 삼각형 제조기?

원과 직선이 만나면 흥미로운 현상을 많이 보여 줍니다. 그중 대표적인 것은 삼각형 중에서도 가장 쓰임새가 많다는 직각 삼각형이 여기저기서 툭툭 튀어나온다는 거예요. 정말 그런지 한번 볼까요?

직각 삼각형 필요해요?

우선 원의 중심에서 접점을 이은 선분은 그 접선과 언제나 수직입니다. 따라서 원의 중심, 접점 그리고 접선 위의 한 점을 이으면 직각 삼각형을 만들어 낼 수 있지요.

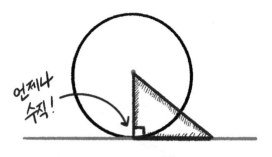

그러므로 직각 삼각형 탄생!

원을 관통하는 할선에서도 직각 삼각형이 만들어집니다. 원의 중심 O에서 할선에 수직으로 선을 내리면 현 AB가 정확히 이등분됩니다. 이때 원의 중심 O와 현의 양 끝점 A와 B를 연결하면 역시나 2개의 합동 직각 삼각형이 드러나게 되지요.

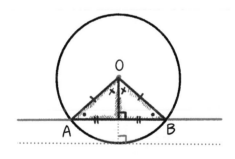

그러므로 합동 직각 삼각형 탄생.

또 하나 재미있는 직각 삼각형은 탈레스의 정리에서 나옵니다. 탈레스의 정리란 원의 지름에 대한 원주각은 항상 직각이라는 사실을 이용하는데, 원의 지름을 빗변으로 하고 둘레 위에 한 점을 이어 직각 삼각형을 만들 수 있는 거죠. 탈레스의 정리는 다음에 자세히 다루겠습니다.

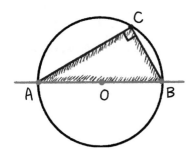

여기도 직각 삼각형 탄생.

이쯤 되면 원과 직선의 조합은 마치 직각 삼각형 제조기 같지 않나요? 수학자들이 가장 사랑한다는 직각 삼각형을 무궁무진하게 뽑아낼 수 있는 제조기 말이에요. 이러니 어찌 원과 직선의 조화를 사랑하지 않을 수 있겠어요?

직각 삼각형 제조기.

6장

원주각과 탈레스의 정리
원둘레 어디서나 같은 원주각의 비밀

　자식에 대한 부모의 사랑이 변할 수 있을까요? 눈에서 멀어지면 마음도 멀어진다는 속담은 부모와 자식 간에는 적용되지 않습니다. 멀리 있으나 가까이 있으나 부모는 늘 같은 마음으로 자식을 사랑하며 그리워하거든요. 왜 그런 줄 아세요? 가족은 둥근 원의 관계로 연결

자식에 대한 부모의 사랑은 원주각과 같다.

되어 있기 때문이에요.

원주각은 원둘레 어디서나 일정하다

하나의 호에 대한 원주각은 무수히 많다고 했죠? 원주각은 원둘레를 따라 무한히 존재하겠지요. 이는 원형 링에 고무줄을 묶고 손가락으로 잡아당겨 링의 둘레를 따라 이동하는 것으로 상상해 볼 수 있습니다. 이때 고무줄이 이루는 각도가 원주각이 되겠죠. 그런데 재밌는 것은 고무줄이 이루는 각은 어느 위치에서나 같다는 거예요. 즉, 하나의 호에 대한 원주각은 모두 같다는 특징이 있습니다.

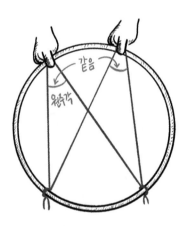

하나의 호에 대한 원주각은 모두 같다.

왜 그럴까요? 왠지 고무줄을 묶은 곳에서 멀리 당기면 원주각도 좁아질 것 같은데 말이죠. 그런데 전혀 그렇지 않아요. 원둘레 위의 어느 위치에서나 고무줄이 이루는 각도는 항상 일정합니다. 이는 원주각과 중심각의 관계로 설명할 수 있어요. 중심각은 원의 중심에서 바라본 각도이므로 오직 하나라고 했잖아요. 그런데 원주각은 중심각의 항상 절반이라는 법칙이 있거든요.

$$원주각 = \frac{1}{2} \times 중심각$$

중심각은 오직 하나이고 원주각은 중심각의 항상 절반이라면 원주각은 원둘레 어디에서나 같다는 결론에 이릅니다. 예를 들어 어떤 호에 대해 중심각이 $120°$ 라면 원주각은 중심각의 절반이라고 했으니 $60°$ 이고 이 법칙은 원둘레 어디에서나 성립하게 됩니다.

원주각은 중심각의 절반이다.

원주각은 중심각의 절반이다

결국 원주각이 원둘레 어디에서나 항상 같다는 것을 증명하기 위해서는 원주각이 어느 위치에서나 중심각의 절반임을 증명하면 됩니다. 원주각이 있을 수 있는 위치는 크게 3가지 경우로 나눠 볼 수 있는데요. 각각 원주각을 이루는 현 위에 원의 중심이 있는 경우(case1), 원주각 내부에 원 중심이 있는 경우(case2), 원주각 외부에 원 중심이 있는 경우(case3)입니다.

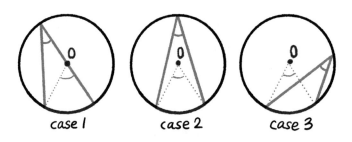

원주각이 존재하는 3가지 케이스.

세 경우 모두 원주각이 중심각의 절반이라고 입증할 수 있다면 원주각은 원둘레 어디에서나 같다고 결론을 내릴 수 있겠지요. 여기서는 대표적으로 원주각 내부에 원의 중심이 있는 경우만 살펴보겠습니다. 호의 양 끝을 A, B 그리고 원의 중심을 O라고 합시다. 이때 원둘레 위의 점 C에서 원의 중심 O로 선분을 하나 그으면 2개의 이등변 삼각형 AOC와 BOC가 보입니다.

우선 삼각형 AOC만 떼어서 보겠습니다. 삼각형 AOC는 이등변 삼각형이므로 두 밑각이 서로 같죠. 이때 밑각을 α라고 하겠습니다. 그러면 선분 CO의 연장선과 선분 OA가 이루는 삼각형의 외각이 보일 거예요. 외각은 다른 두 내각의 합이 되므로 2α가 됩니다. 마찬가지로 삼각형 BOC의 외각은 2β가 되겠죠.

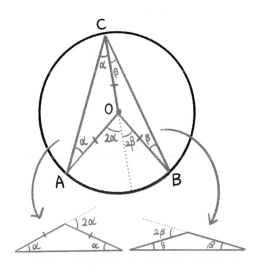

두 삼각형을 원래 있던 자리로 되돌려 놓으면 원주각과 중심각의 크기가 보이게 돼요. 원주각은 $\alpha+\beta$, 중심각은 $2\alpha+2\beta$가 되는군요. 즉, 중심각은 원주각의 절반입니다.

탈레스의 정리로 뺑튀기 자르기

원주각이 중심각의 절반이라는 법칙에서 탈레스의 정리가 나옵니다. 반원의 중심각은 180°, 따라서 반원의 원주각은 90°가 되죠. 이것이 탈레스의 정리입니다.

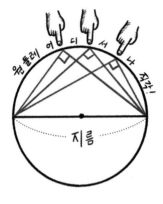

탈레스의 정리.

탈레스의 정리를 이용하면 아이들에게 동그란 모양의 물건을 반으로 잘라 줄 때 좋아요. 동그란 뺑튀기 같은 것들 말이에요. 만약 여러분의 자녀가 절반의 뺑튀기에 의문을 제기한다면 공책처럼 직각의 모서리를 가진 물건을 대보세요. 만약 공책이 뺑튀기의 양 끝과 둥근 부분, 총 세 부분에서 닿으면 뺑튀기는 정확히 반으로 나눈 것이 맞아요. 그렇지 않고 뺑튀기의 한 끝이 닿지 않거나 둥근 부분에 공책 모서리가 닿지 않으면 정확한 절반의 뺑튀기가 아닌 거예요.

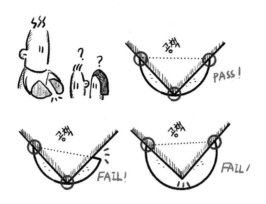

모서리로 뺑튀기를 공평하게 나누는 법.

　탈레스의 정리는 삼각형을 분류하는 기준으로 사용할 수도 있습니다. 원 안에 내접 삼각형을 그릴 때 원의 중심이 어디에 위치하는지에 따라 삼각형을 예각, 둔각, 직각으로 분류하는 방법이에요. 원의 중심이 내접 삼각형 내부에 있으면 예각 삼각형, 삼각형 밖에 있으면 둔각 삼각형, 삼각형의 변에 걸치면 직각 삼각형이 되는 거죠.

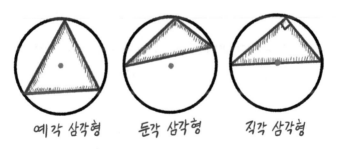

예각 삼각형　　둔각 삼각형　　직각 삼각형

탈레스의 정리를 이용한 삼각형의 분류.

원주각과 닮은 부모의 자식 사랑

사랑의 크기는 절대 변하지 않아요.

자식에 대한 부모의 사랑은 원주각을 닮았다는 생각이 들어요. 어디에 있든 그 사랑이 변하지 않으니까요. 곁에 끼고 있으나, 성년이 되어 출가를 하나, 자식을 생각하는 부모의 마음이 어디 변하겠어요? 밥은 잘 먹고 다니는지, 아픈 데는 없는지 오매불망 자식 걱정인 것은 당연지사지요. 이렇게 변치 않는 사랑이 가능한 이유는 부모와 자식 간의 관계가 원으로 연결되어 있기 때문 아닐까요?

7장

내심과 외심
평범한 삼각형도 원을 만나면 특별해진다?

너무도 평범한 삼각형이 살았습니다. 삼각형은 언제나 스포트라이트를 받는 정삼각형, 이등변 삼각형, 직각 삼각형이 부러웠어요. 그들은 독특한 모양과 특이한 성질로 수학자들의 사랑을 듬뿍 받았거든요. 하지만 평범하기만 한 삼각형은 늘 관심 밖에서 서성여야 했습니다. 삼각형은 슬펐어요. 자신의 평범한 모습이 초라하게 느껴졌습

난 아싸인가?

니다.

　삼각형은 결국 삼각형 세상을 떠나기로 마음먹었어요. 그리고 머나먼 여행을 떠났지요. 삼각형은 다리가 퉁퉁 붓도록 걷고 또 걸었습니다. 그렇게 며칠을 걷던 삼각형은 태어나서 한 번도 보지 못했던 도형을 만납니다. 낯설지만 왠지 오래전부터 알고 지낸 듯한 포근한 느낌을 주는 도형이었지요. 그 도형의 이름은 바로 원이었습니다.

　원은 특유의 부드러움으로 삼각형의 이야기를 들어주었습니다. 삼각형도 마음을 털어놓고 나니 마음이 한결 가벼워졌지요. 원은 삼각형에게 속삭이듯 말해 주었어요. "잘 보이지 않지만, 세상 모든 삼각형은 특별한 무언가를 품고 살아간단다. 내가 너에게서 발견한 특별함을 알려 줄까?"

내가 너를 특별하게 만들어 줄게.

이 안에 너 있다? 아니, 원 있다

원은 어떻게 평범한 삼각형에게서 특별함을 발견할 수 있었을까요? 여기 평범한 삼각형이 있습니다. 이 삼각형 안에 세 변이 모두 접하도록 원을 하나 그렸어요. 이 원을 내접원이라고 하고 그 중심을 내심內心이라고 하죠.

이제 내심에서 삼각형의 각 모서리를 향해 선을 긋습니다. 그리고 각 변에 수직인 선분도 그려 줄 거예요. 그러면 우리는 원래의 삼각형을 6개로 쪼갤 수 있습니다.

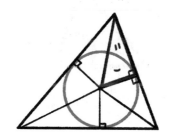

평범한 삼각형 안에 직각 삼각형이 6개나?

이렇게 쪼개진 삼각형들을 한번 살펴볼까요? 아니, 놀랍게도 모두 직각 삼각형이군요. 처음 보았을 때는 평범해 보이던 삼각형인데 그 안에 매우 희귀한 직각 삼각형이 6개나 숨어 있었던 거예요. 좀 더 특별함을 찾아볼까요?

심지어 2개씩 합동이야!

색칠한 두 삼각형은 직각 삼각형이면서 한 모서리의 각이 같습니다. 직각 삼각형에서는 하나의 내각만 같아도 닮은 삼각형이라고 했죠? 그런데 빗변 길이까지 서로 같으니 이 두 삼각형은 완전히 포갤

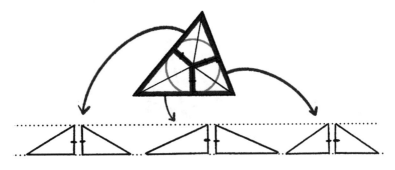

6개의 직각 삼각형 높이는 모두 같다.

엄마의 수학책

수 있는 합동이 됩니다. 총 6개의 직각 삼각형이 2개씩 합동이라는 특징도 있는 거죠.

이번에는 6개의 직각 삼각형을 모두 떼어 나란히 두어 볼까요? 직각 삼각형의 높이는 내접원의 반지름과 같으므로 모두 높이가 같다는 특징도 있습니다.

원은 정말 놀라운 능력을 갖춘 도형입니다. 평범한 삼각형에게서 특별함을 발견하는 재능을 가졌지요.

내 안에 특별한 삼각형들이 숨어 있었다니.

삼각형을 넉넉하게 품어 주는 원

이번에는 삼각형의 모서리가 모두 닿도록 원을 바깥쪽으로 그립니다. 이를 외접원이라고 하며 그 중심은 외심外心이죠. 외심에서부터 삼각형의 각 모서리로 선분을 그어 평범한 삼각형을 3개로 나눕니다.

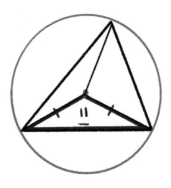

이등변 삼각형도 3개나 있네!

　유심히 보니 이 삼각형들은 두 변의 길이가 원의 반지름과 같아서 모두 이등변 삼각형이군요. 평범해 보이던 삼각형 안에서 3개의 이등변 삼각형을 찾은 거예요.

　그뿐 아닙니다. 이번에는 외심에서 각 변에 수선을 내려 볼게요. 그러면 총 6개의 직각 삼각형이 드러나게 됩니다.

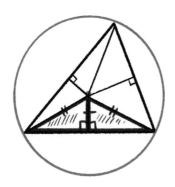

여기도 합동, 저기도 합동.

게다가 색칠한 두 직각 삼각형은 높이와 빗변을 공유하기 때문에 합동이라는 특징이 있지요. 눈썰미가 좋은 분은 6개의 직각 삼각형 모두 빗변의 길이가 같다는 특징도 발견했을 거예요.

원을 닮은 마음으로 아이들 품어 주기

평범한 삼각형 안에서 특별한 가치를 발견하는 것, 그것이 내심과 외심의 핵심입니다. 일반적인 예각, 둔각 삼각형들은 특징을 찾기 쉽지 않아 수학자들의 관심 밖에 있었지만, 원을 만나면서 그동안 보이지 않던 자신만의 새로운 가치를 드러내게 되었어요. 어느 누가 평범한 삼각형 안에서 그 많은 직각 삼각형을 발견하리라 생각했겠어요?

마치 우리 아이들을 키우는 과정과 비슷한 것 같아요. 아이에게 특별한 재능을 바라는 것은 어느 부모나 마찬가지겠지요. 그래서 조급

부모의 역할은 원의 마음으로 보듬어 주는 것.

해지는 것도 사실이고요. 기대만큼 재능을 보여 주지 못하면 실망도 하겠지요. 하지만 그럴수록 부모가 할 수 있는 것은 그저 둥근 마음으로 아이들을 안아 주고 그들의 말에 귀 기울여 주는 것일 거예요. 그러면 아이들은 스스로 자신의 특별한 가치를 발견하게 되겠지요. 이 세상에 특별함을 품지 않은 아이는 없거든요.

8장

무게중심
도형 세계에서 흔들리지 않고 무게중심 찾는 법

내심과 외심에 이어 감초처럼 등장하는 것이 삼각형의 무게중심 Center of Gravity입니다. 무게중심이란 무엇일까요? 정확히 설명할 수는 없어도 우리는 감각적으로 무게중심을 이해할 수 있어요. 손가락 위에 책이나 우산을 올리고 떨어지지 않도록 중심을 잡는 놀이를 한 번쯤 해 봤으니까요. 물리 세상에서 무게중심은 질량을 가진 물체와

아슬아슬 무게중심 놀이.

중력에 관한 이야기입니다.

그런데 도형에도 무게중심이 있어요. 다소 뜬금없고 의아하다고
요? 도형은 매우 이상적인 수학 세상에 있는데 어떻게 무게가 존재할
까요? 혹시 도형도 질량이 있고 중력의 영향을 받는 것은 아닐까요?
수학에서 말하는 도형의 무게중심이란 과연 무엇일까요?

수학 세상의 무게중심은 점과 거리에 관한 이야기

물리 세상에서 무게중심이란 질량과 거리에 관한 이야기예요. 놀
이터에서 흔히 볼 수 있는 시소를 상상해 보면 무게중심의 원리를
이해하기 쉬워요. 시소 위에 무게가 같은 사람이 올라가면 무게중
심은 시소의 한가운데에 위치하며 균형을 유지합니다. 하지만 무게
가 서로 다른 사람이 시소에 올라가면 시소는 무거운 쪽으로 기울

과학적으로 맞기 직전…

어지게 되겠죠. 이것은 무게중심이 무거운 사람 쪽으로 이동했기 때문이에요.

그럼 수학에서 말하는 무게중심은 무엇일까요? 수학 세상에서는 질량도 중력도 존재하지 않을 텐데 무엇으로 무게중심을 정의하는 걸까요? 수학에서의 무게중심은 점과 거리에 관한 이야기예요. 모든 점까지의 거리가 서로 상쇄되는 지점을 무게중심으로 정의하거든요.

예를 들어 2개의 점이 있는 평면 공간에서 무게중심은 어디에 있을까요? 아마도 두 점의 정확히 중간 지점일 거예요. 중간 지점에서 봤을 때 각 점까지는 거리가 같고 방향은 반대가 되니까 서로 합하면 상쇄되겠지요. 같은 개념에서 점 3개의 무게중심도 상상해 볼 수 있어요. 각 점까지의 방향과 거리를 고려한 중간 지점이 무게중심이 되는 거죠.

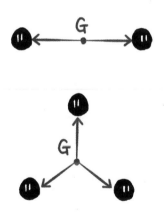

방향과 거리를 고려한 점들의 무게중심.

점들의 무게중심은 그다지 어렵지 않습니다. 그럼 도형의 무게중심은 어떨까요? 결국 도형도 여러 개의 점이 모여 만들어졌으니 모든 점까지의 거리가 상쇄되는 지점이 있겠지요? 하지만 이런 방식으로 무게중심을 찾기는 거의 불가능해요. 그 많은 점의 거리와 방향을 어떻게 일일이 잴 수 있겠어요?

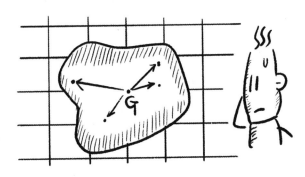

도형의 무게중심은 찾기 쉽지 않아요.

그래서 수학에서는 몇 가지 제한된 형태의 도형을 가지고 무게중심을 공부합니다. 우리가 배워야 할 것은 무게중심의 성질을 이용하는 논리적 사고의 힘이지, 무게중심 그 자체는 아니니까요.

도형의 무게중심을 이끌어 내는 힘

무게중심 공부에 사용되는 도형은 크게 대칭 도형과 다각형이 있

엄마의 수학책

습니다. 대칭 도형은 한 축을 중심으로 상하 또는 좌우로 접었을 때 포개지는 도형을 말하고, 다각형은 삼각형들의 집합으로 표현이 가능한 도형을 말해요.

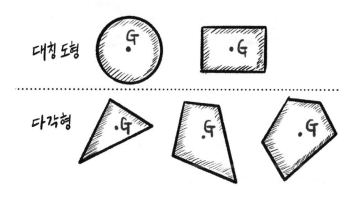

대칭 도형과 다각형들.

대칭 도형의 무게중심

우선 대칭 도형이면서 가장 직관적으로 무게중심을 알 수 있는 원부터 시작해 보겠습니다. 원의 무게중심은 이미 아시다시피 정중앙인데요. 이것을 둥근 원형 틀과 구슬을 이용해 간단히 설명해 볼게요.

먼저 원형 틀에 넣었을 때 딱 맞는 크기의 구슬 4개를 넣어 보겠습니다. 그리고 각 구슬의 중심까지의 거리가 서로 상쇄되는 점을 찾아보는 거죠. 굳이 증명하지 않아도 무게중심이 가운데에 있음을 알 수 있어요. 이번에는 더 작은 구슬을 넣어 보겠습니다. 7개 정도 들어가는군요. 이때도 각 구슬까지의 거리가 서로 상쇄되는 점은 역시 원형

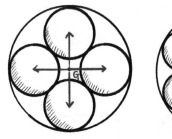

원의 무게중심.

틀의 정중앙입니다.

같은 방식으로 구슬의 크기를 계속 작게 만들면 어떻게 될까요? 각 구슬까지의 거리가 서로 상쇄되는 점은 원형 틀의 중앙이 될 거예요. 구슬이 점이라고 생각하면 원의 무게중심이 정중앙인 이유를 알 수 있겠지요.

또 다른 대칭 도형인 직사각형도 마찬가지예요. 원과 같은 아이디어로 접근하면 어렵지 않게 직사각형의 무게중심이 대칭의 교차점

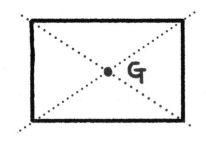

사각형의 무게중심.

엄마의 수학책

위에 있음을 알게 됩니다.

다각형의 무게중심

원이나 사각형처럼 대칭이 되는 도형들은 직관적으로 무게중심을 추론해 낼 수 있었습니다. 하지만 다각형의 무게중심은 어떻게 구할 수 있을까요? 여기서 필요한 아이디어는 모든 다각형이 결국 삼각형의 조합이라는 것입니다. 따라서 삼각형의 무게중심을 확실히 알 수 있다면 다른 형상의 다각형도 그 무게중심을 구할 수 있게 되겠죠.

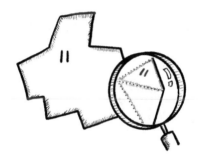

다각형은 삼각형의 조합.

자, 그럼 삼각형의 무게중심을 먼저 살펴보죠. 우선 삼각형이 수많은 선을 쌓아 올려 만들어졌다고 생각해 봅시다. 이때 각 선들의 무게중심은 한가운데가 되고 선들의 무게중심을 이으면 하나의 선이 그려집니다. 이 선을 '중선'이라고 하죠.

전체 삼각형의 무게중심이 어디인지는 모르지만, 우리는 최소한

삼각형의 무게중심은 중선 위에 있다!

중선 위 어딘가에 무게중심이 있다고 추측할 수 있습니다. 따라서 삼각형을 요리조리 돌려 가며 중선을 그리면 모든 중선이 만나는 한 점을 찾을 수 있습니다. 여기가 바로 삼각형의 무게중심이 되죠.

그렇다면 범인은 세 중선이 만나는 지점에 있다!

엄마의 수학책

이제 삼각형의 무게중심을 알았으니 이 아이디어를 다각형으로 확장해 볼까요? 먼저 사각형부터 보겠습니다. 그림처럼 사각형을 좌우의 삼각형으로 나누었을 때 각 삼각형의 무게중심이 G_1, G_2라면 어딘지는 정확히 모르지만, 전체 사각형의 무게중심 G는 G_1과 G_2를 잇는 선분 위에 있다는 사실은 알 수 있죠.

이번에는 사각형을 위아래 삼각형으로 나눕니다. 그리고 각각의 삼각형 무게중심을 G_3, G_4라고 하면 역시나 무게중심 G는 G_3과 G_4를 잇는 선분 위에 있다고 할 수 있어요. 위의 2가지 진술을 모두 만족하는 점은 두 선분의 교차점이 되겠지요.

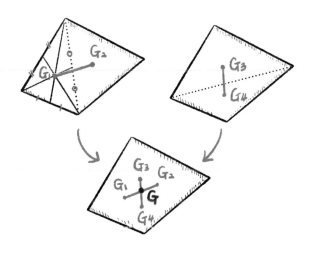

같은 방식으로 오각형의 무게중심도 문제없이 찾을 수 있겠죠. 오각형은 1개의 사각형과 1개의 삼각형으로 나눌 수 있거든요. 사각형

의 무게중심과 삼각형의 무게중심을 연결한 선분들을 이용해 전체 오각형의 무게중심도 알 수 있게 됩니다.

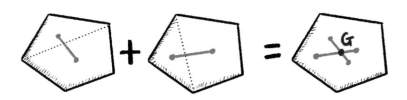

엄마의 수학책

5부

함수와 좌표평면

: 공간과 위치를 숫자로 표현하기

1장

데카르트 좌표계
실수의 연속성을 시각화하다

데카르트 좌표계는 르네 데카르트의 이름을 따서 만든 좌표계입니다. 데카르트는 우리에게 철학자로 더 유명하지만 사실 수학자로서도 굵직한 업적을 많이 남겼어요. 한 분야에서도 인정받기 힘든데 철학과 수학에서 동시에 큰 업적을 남겼다니 가히 위인이라 할 만합니다.

특히 데카르트가 좌표평면을 고안한 일화가 유명한데요. 어느 날 침대에 누워 천장을 보니 파리 한 마리가 붙어 있었습니다. 데카르트는 파리의 위치를 정교하게 표현할 방법이 없을까 고민했고 지금의 평면 좌표계를 만들었다고 하더군요. 일상의 작은 관찰을 위대한 업적으로 발전시키는 것이 위인과 범인을 나누는 차이가 아닐까 싶어요.

위인과 범인의 차이.

실수의 시각화에 성공한 데카르트

우리는 여러 종류의 수를 배웠어요. 자연수, 음의 정수, 0, 정수가 아닌 유리수, 무리수 등 긴 역사에 걸쳐 인간은 수를 발견해 왔죠. 그리고 그 완성본이 실수實數입니다. 그런데 만약 누군가 여러분에게 실수를 직접 보여 달라고 하면 어쩌시겠어요? 그 많은 수를 공책에 쓰실 건가요? 그럴 수는 없을 거예요.

그럼 실수를 한눈에 보기 위해서는 어떻게 해야 할까요? 이 질문에 데카르트는 혁신적인 아이디이로 답했어요. 실수의 집합을 빈틈없이 곧게 뻗은 직선으로 표현한 거죠. 0을 중심으로 양과 음의 방향으로 무한히 뻗어 나가는 직선 말이에요. 수의 연속성에 착안한 단순하면서도 명쾌한 답변이었죠.

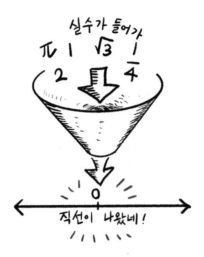

선 하나로 보면 이렇게 편하잖아.

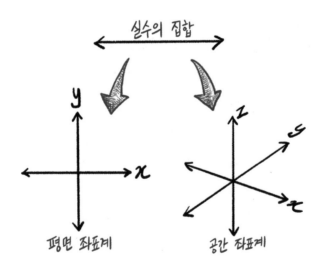

2차원은 2D, 3차원은 3D.

모든 실수를 직선 하나로 그려 낸다는 그의 상상은 직선 좌표계가 되었어요. 1차원 직선 위에서 위치를 숫자로 표현하는 가장 직관적인 방법이 되었죠. 직선 좌표계의 장점은 확장성에 있어요. 직선 좌표계 2개를 직교시키면 2차원 평면 공간상의 위치를 표현할 수 있고, 3개를 직교시키면 3차원 공간상의 위치를 표현할 수 있게 되죠.

실수의 집합임을 명심하자

데카르트 좌표계는 어렵지 않아요. 오히려 시시할 정도로 직관적인 좌표계이지요. 그러다 보니 쉽게 간과하는 사실이 있어요. 데카르트 좌표계 위의 값들은 모두 실수라는 점이에요. 직선 좌표계가 실수를 형상화한 것이니 당연하겠죠. 하지만 많은 학생이 이 당연한 사실

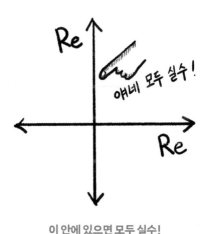

이 안에 있으면 모두 실수!

을 쉬이 잊어버려요. 물론 중학교 과정까지는 좌표계의 값들이 실수라는 사실이 중요하지 않을 수 있어요.

하지만 고등학교에 올라가면 이야기가 달라집니다. 고등학교 수학 과정에서는 실수를 사용하지 않는 좌표계가 등장하거든요. 실수 좌표계 위에서 각도를 표현하기 위해 호도법을 배우기도 하고요. 실수 좌표계에 대한 탄탄한 기초가 없으면 헷갈리기 십상이죠. 데카르트 좌표계가 실수를 사용한다는 점을 강조하기 위해 실수Real Number의 앞 글자 'Re'를 각 축에 적어 주기도 합니다.

꼭! 기억하셔야 합니다. 데카르트 좌표계는 실수의 집합으로 만들었다는 사실을요.

2장

극좌표계
어느 방향으로 얼마나 떨어져 있을까?

 아이들이 생활 반경 내 어디쯤 있는지 알아보기 위해 스마트폰 위
치 찾기 앱 하나쯤은 설치해 본 적이 있으실 거예요. 만약 위치 찾기
앱이 아이 위치를 위도와 경도로 알려 준다면 어떨까요? 참 보기 불
편할 거예요. 그보다는 어느 방향으로 얼마만큼 떨어져 있는지 보여

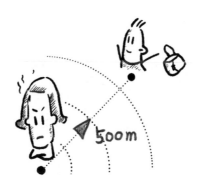

요 녀석 봐라? 학원 방향이 아니네?

주면 훨씬 직관적일 겁니다.

방향과 거리를 모두 표시한 극좌표계

방향과 거리로 위치를 표현하는 방법을 극좌표계라고 불러요. 방향은 기준이 되는 방향으로부터의 각도(θ), 거리는 원점으로부터의 거리(r)를 이용해 나타내는 좌표계이지요.

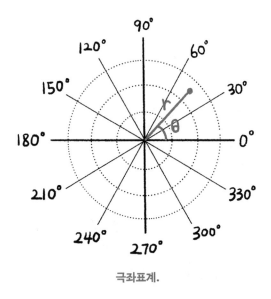

극좌표계.

극좌표계나 평면 좌표계나 결국 평면상의 위치를 나타내는 방법들이에요. 다만 읽는 방법이 다를 뿐이지요.

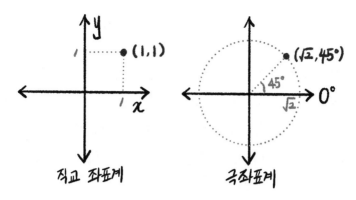

평면상의 위치를 나타내는 방법들.

앞의 두 좌표계에서 점은 같은 위치에 있습니다. 똑같이 x축 방향으로 1만큼, y축 방향으로 1만큼 떨어져 있지요. 하지만 위치를 표현하는 방법은 서로 다릅니다. 평면 좌표계는 x축과 y축 값의 순서쌍으로 위치를 표현하지요.

평면 좌표계 (1, 1)

반면에 극좌표계는 원점에서부터의 거리와 x축에서부터의 각도로 위치를 표현합니다. 거리는 $\sqrt{2}$, 각도는 $45°$가 되겠죠.

극좌표계 ($\sqrt{2}$, 45°)

좌표계의 같은 목적, 다른 용도

평면 좌표계나 극좌표계나 서로 목적은 같습니다. 결국 평면상의 위치를 나타내기 위함이죠. 그러니 우리는 두 좌표계의 특성을 이해하고 상황에 맞게 적절히 골라 쓰기만 하면 됩니다. 재미있는 문제를 하나 살펴볼까요? 야구와 축구 경기에서 공의 위치를 표현하는 데 각각 어떤 좌표계가 적합할까요?

야구에 적합한 극좌표계

야구공은 타자가 공을 치는 타점으로부터 방사형으로 뻗어 나가죠. 야구장의 모양이나 공이 날아가는 형상을 보면 어떤 좌표계가 유리할까요? 보통 야구는 공이 어느 방향(θ)으로 얼마나 멀리 갔느냐(r)

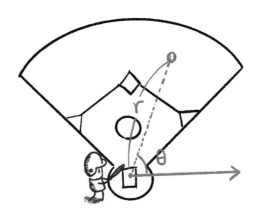

야구는 무조건 멀리 치는 게 최고?

에 주목하지요. 그러므로 극좌표계가 비교적 적절한 좌표계가 될 것
같군요.

축구에 적합한 직교 좌표계

축구에서는 선수가 찬 공이 얼마나 멀리 날아가는지는 그다지 중
요하지 않아요. 그보다는 어느 진영에 공이 더 많이 머무는지, 오른쪽
공격이 많은지 왼쪽 공격이 많은지가 더 관심사지요. 이런 경우 극좌
표계보다 평면 좌표계가 더 좋을 것 같습니다. 센터를 원점으로 하는
평면 좌표계를 사용하면 공의 위치뿐 아니라 경기가 어떻게 흘러가
고 있는지도 알 수 있으니까요.

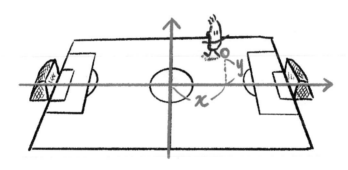

공이 어느 진영에 얼마나 머물렀을까?

알아 두면 쓸데 있는 좌표계 개념

사실 극좌표계는 중학교나 고등학교에서 배우지 않아요. 이공계

열 대학 과정에서나 들어 볼 법한 좌표계이죠. 그렇지만 극좌표계를 한 번은 꼭 살펴봐야 하는 이유는 거리와 각도로 위치를 표현한다는 개념이 고등학교 수학에서 심심치 않게 등장하기 때문이에요. 특히 삼각함수나 복소수를 배울 때 극좌표계에 대한 개념이 없으면 많이 헤매게 될 거예요. 그러니 비록 정규 교육 과정에는 없지만 열린 마음으로 관심을 가지면 분명히 큰 도움이 될 것입니다.

3장

함수와 좌표평면
수학식을 그림으로 그려 보자

우리는 친구가 제주 앞바다에 놀러 갔던 이야기를 들으면, 꼭 제주도에 가 보지 않아도 머릿속으로 제주 바다의 영롱한 물결과 시원한 바다 내음을 상상할 수 있습니다. 왜냐하면 우리는 바다라는 단어만으로도 같은 풍경을 눈앞에 그릴 수 있는 놀라운 상상력을 가지고 있으니까요. 이처럼 언어는 이미지와 연결되어 있습니다. 수학도 언어

수학식이 그림으로 보여?

라면 비슷해야 하지 않을까요? 수학식을 보고 우리는 어떤 이미지를 떠올릴 수 있을까요?

수학식만의 특징들을 살려 보자

그림을 잘 그리려면 대상의 특징을 찾아낼 수 있어야 해요. 캐리커처를 상상해 보면 더 분명하게 이해할 수 있지요. 정교한 인물화가 아니더라도 특징만 잘 살려 내면 훌륭한 그림이 되잖아요? 수학식도 마찬가지입니다. 수학식을 그림으로 그리려면 수학식만의 특징을 살려야 해요. 그럼 수학식에는 어떤 특징들이 있을까요?

같은 변숫값에 항상 같은 결괏값

식은 변수에 따라 그 값이 달라져요. 예를 들어 수학식 $2x$를 살펴보죠. x가 1일 때는 2이고 x가 2일 때는 4가 되죠. 변숫값에 따라 식은 변화무쌍한 결괏값을 보여 줍니다. 그런데도 중요한 것은 같은 변숫값에 대해서 항상 같은 결괏값을 보여 준다는 점이에요. $2x$라는 수학식에 1이 들어가면 2가 나와요. 그러면 눈이 오나 비가 오나 변숫값 1의 결괏값은 2이지요. 절대로 바뀌지 않아요.

음료 자판기를 상상해 봅시다. 1번을 눌러 콜라가 나오는 자판기라면 1번을 누를 때마다 항상 콜라가 나와야 해요. 어떤 날은 사이다가 나오고 어떤 날은 캔 커피가 나오면 안 되는 거지요.

멋대로 자판기?

하나의 변숫값에 하나의 결괏값

수학식의 또 다른 특징은 하나의 변숫값에 대해서 반드시 하나의 결괏값만 나온다는 거예요. 기분에 따라 결괏값이 2개, 3개가 나오는 경우는 없어요. 변숫값과 결괏값은 반드시 1:1로 매칭되거든요.

인심 좋은 수학식?

수학식이 가진 특징을 정리하면 이렇습니다.

- 같은 변숫값에 대한 결괏값은 항상 같다.

- 변숫값과 결괏값은 1:1로 대응된다.

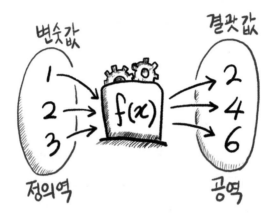

수학식은 정확한 결괏값 출력 기계.

그러고 보면 수학식은 기계처럼 느껴집니다. 변숫값이 들어가면 결괏값이 출력되는 기계 말이에요. 그래서 수학자들은 이런 수학식을 어떤 '기능'을 한다는 의미로 'function'이라고 이름을 지었습니다. 그리고 변수 x에 따라 결괏값이 달라진다는 의미로 'function(x)'라고 했죠.

너무 긴가요? 그럼 줄여서 $f(x)$로 쓰죠. 이것이 바로 함수function입니다. 이때 함수로 들어가는 변숫값들의 집합을 정의역이라 하고, 대

엄마의 수학책

응해서 출력되는 값들의 집합을 공역이라고 합니다.

정의역과 공역의 범위

함수의 변숫값과 출력값들은 어떤 수들일까요? 다시 말해 정의역과 공역은 어떤 수들의 집합일까요? 자연수, 정수, 혹은 실수? 결론부터 말하면 어떤 수도 상관없습니다. 자연수일 수도 있고 실수일 수도 있죠.

사장님이 미쳤어요?

만약 '$f(x)=2x$'를 1+1 수박 판촉 행사를 위한 함수라고 생각해 봅시다. x는 수박 구매 수량이고, $f(x)$는 가져갈 수 있는 수박 수량이라고 생각할 수 있죠.

이때는 정의역, 공역 모두 자연수여야 할 거예요. 반(0.5) 통을 사면서 1통 받기를 기대하는 사람은 없으니까요. 즉, 정의역과 공역의 범

정의역	공역
x	$f(x)$
1 (1통 구매 시)	2 (2통 받는다)
2 (2통 구매 시)	4 (4통 받는다)
3 (3통 구매 시)	6 (6통 받는다)

위는 함수를 어떤 목적으로 사용하느냐에 따라 정해진다고 볼 수 있어요. 하지만 딱히 그 범위를 정하지 않았다면 정의역과 공역이 모두 실수라고 생각하면 돼요. 이렇게 변숫값과 결괏값이 모두 실수인 함수를 실함수Real Valued Function라고 합니다. 실함수는 'Real Number'의 첫 글자 'R'을 따서 정의역과 공역의 관계를 표현하기도 하죠.

$$f : \underset{\text{실수}}{\underset{\text{정의역}}{R}} \rightarrow \underset{\text{실수}}{\underset{\text{공역}}{R}}$$

엄마의 수학책

함수의 몽타주를 그리려면?

수학식은 어떻게 생겼을까?

이제 처음의 궁금증으로 다시 돌아가 보겠습니다. 함수 $f(x) = 2x$가 어떤 모습인지 몽타주를 그려 보는 문제 말이에요. 함수의 몽타주를 그리기 위해 지금까지 얻은 함수의 특징을 살펴보겠습니다.

- 정의역과 공역은 모두 실수이다.
- 정의역과 공역의 원소가 서로 1:1의 관계로 매칭된다.

우선 실수를 형상화한 것이 직선 좌표계이므로, 정의역과 공역을 각각 하나의 직선 좌표계로 나타내 볼게요. 그리고 두 직선 좌표계를 서로 나란히 배치해 보겠습니다.

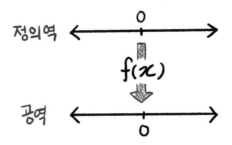

그리고 1:1로 매칭되는 정의역과 공역의 원소들을 선으로 연결해 보겠습니다. $f(x)=2x$이니까 정의역의 1을 공역의 2와 연결하는 식으로 말이에요. 이렇게 계속 반복하면 뭔가 함수의 관계가 이미지로 드러나지 않을까요?

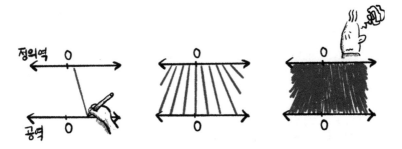

정의역과 공역을 나란히 배치했을 때.

뭔가 이상하군요. 처음에는 어떤 형상이 드러나는가 싶더니 선이 너무 많아서 나중에는 까맣게 변해 버렸어요. 이 방법은 아무래도 아닌 것 같아요. 이번에는 두 직선 좌표계를 서로 직교시켰습니다. 가로

엄마의 수학책

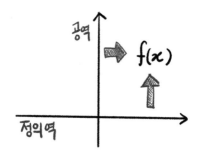

의 직선을 정의역으로 하고 세로의 직선을 공역으로 말이에요.

그러면 정의역과 공역의 관계를 하나의 점으로 표현할 수 있어요. 1이 들어가면 2가 나오는 함수이니까 가로축에서 1, 세로축에서 2의 위치에 점을 찍는 거죠. 이렇게 계속 반복하다 보면 원점을 지나는 하나의 직선이 그려져요. 이러면 두 직선 좌표계를 평행으로 두었을 때보다 함수의 특징을 명확히 살릴 수 있군요.

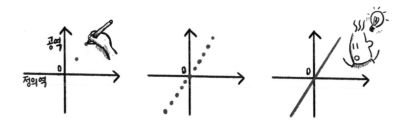

정의역과 공역을 직교시켰을 때.

눈치채셨겠지만 정의역과 공역을 서로 직교시키면 데카르트의 평면 좌표계예요. 우리는 평면 좌표계라는 도화지 위에 수학식을 그려

낼 수 있는 거지요.

최고차항에 따라 달라지는 그림

수학자들은 매우 기뻤습니다. 문자와 숫자의 나열에 불과했던 수학식을 좌표평면 위에 그림으로 그릴 수 있게 되었으니까요. 얼마나 흥분되는 순간이었을까요? 수학자들은 모든 수학식을 눈으로 직접 보고 싶었어요. 그래서 닥치는 대로 수학식들을 좌표평면 위에 그리기 시작했지요. 그렇게 수학식 그리기에 몰두하던 수학자들은 흥미로운 현상을 발견합니다. 바로 함수의 최고차항 차수가 같으면 그 생김새도 비슷하다는 거였어요.

일차함수 $f(\chi) = a\chi + b$ (단, $a \neq 0$이고 a, b는 상수)

이차함수 $f(\chi) = a\chi^2 + b\chi + c$ (단, $a \neq 0$이고 a, b, c는 상수)

삼차함수 $f(\chi) = a\chi^3 + b\chi^2 + c\chi + d$ (단, $a \neq 0$이고 a, b, c, d는 상수)

일차함수는 모두 곧게 뻗은 직선 모양으로 그려졌고, 이차함수는 둥근 항아리 모양, 삼차함수는 구불구불한 곡선처럼 보였어요. 계수에 따라 조금씩 모양은 달랐지만 형상은 대체로 비슷했습니다.

함수와 좌표평면의 의미는 단순히 수학식을 이미지화하는 것 이상이에요. 서로 다른 분야인 줄 알았던 대수학과 기하학이 좌표평면

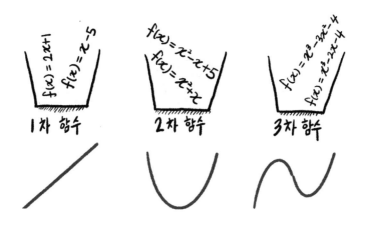

1차 함수

2차 함수

3차 함수

위에서 딱 만나는 사건이기도 했으니까요. 이 광경을 지켜보는 수
학자들의 마음은 어땠을까요? 눈물 나도록 아름다운 모습 아니었을
까요?

4장

호도법
각도를 단위 없는 실수로 표현하는 법

실함수는 정의역도, 공역도 실수인 함수라고 했지요. 이 실함수는 좌표평면 위에 그림으로 그릴 수 있습니다.

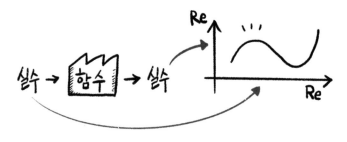

좌표평면 위에 그린 실함수.

수학자들은 좌표평면이라는 도화지가 너무 좋았어요. 수학식을 그림으로 그려서 직접 눈으로 볼 수 있었으니까요. 그런데 정말 모든 함수를 좌표평면 위에 그릴 수 있는 걸까요?

정의역이나 공역이 실수가 아니라면

　좌표평면 위에 그림을 그리려면 반드시 실함수여야 해요. 좌표평면의 각 축은 실수를 형상화한 직선 좌표계이기 때문이지요. 그런데 정의역이나 공역이 실수가 아닌 함수도 있습니다. 대표적인 것이 고등학교에서 배우는 삼각함수예요. 삼각함수는 직각 삼각형의 한 내각에 대해 각 변의 비를 출력하는 함수잖아요. 빗변에 대한 높이가 출력되는 함수는 사인함수(sin), 빗변에 대한 밑변을 출력해 주는 함수가 코사인함수(cos)죠. 밑변에 대한 높이는 탄젠트함수(tan)입니다.

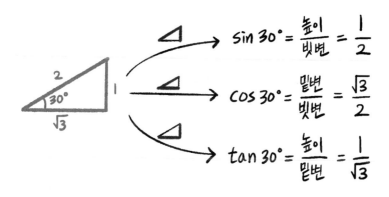

삼각함수 3형제.

　자세히 보면 삼각함수는 각도가 입력되면 실수가 나오는 함수입니다. 즉, 정의역은 각도, 공역은 실수인 함수인 거죠. 결국 삼각함수를 그림으로 그리려면 새로운 좌표평면이 필요합니다. 가로축에는 정의역인 각도(°)를, 세로축에는 공역인 실수를 둔 좌표평면 말이죠. 수학자들은 삼각함수만을 위해서 새로운 좌표평면을 만든다는 것이 탐탁지 않았어요. 그들에게 어떤 해결책이 있었을까요?

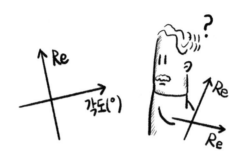

앤 또 뭐냐?

호의 길이를 이용해 각도를 실수로 바꿔라

만약 각도를 실수로 표현할 수 있다면 어떨까요? 그러면 기존의 좌표평면을 그대로 사용할 수 있지 않을까요? 새로운 좌표평면을 만드는 귀찮은 수고도 덜 수 있고요. 그래서 수학자들은 각도를 실수로 바꾸는 법을 고안합니다. 이것이 바로 호도법이지요.

자, 지금부터 머릿속으로 그림을 하나 그려 봅시다. 실을 이용해 원 모양을 만들어 보세요. 그리고 나서 중간을 싹둑 잘라 펼쳐 주세요. 이때 180°에 해당하는 호의 길이는 실의 절반이겠죠? 360°에 해당하

호도법 요정.

는 호의 길이는 펼친 실의 전체 길이가 될 거고요. 각도에 따라 호의 길이가 비례적으로 달라지는 것을 알 수 있습니다. 이를 이용하면 각도를 실수로 바꿀 수 있지 않을까요?

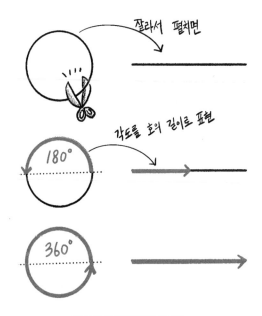

호도법 요정의 비법 공개!

그렇게 탄생한 것이 호도법이에요. 물론 호의 길이만으로 각도를 표현하지는 못해요. 원의 크기에 따라서 호의 길이도 달라지기 때문이지요. 예를 들어 원의 반지름이 1미터일 때 360°에 해당하는 호의 길이는 2π미터이지만, 반지름이 2미터일 때는 4π미터가 되거든요.

이 점을 보완하기 위해 호도법은 호의 길이를 반지름으로 나눈 값을 사용합니다. 그러면 원의 크기와 상관없이 동일한 각도에 대해 동일한 값을 얻을 수 있죠. 360°의 경우 호도법 표기는 모두 2π가 되는군요.

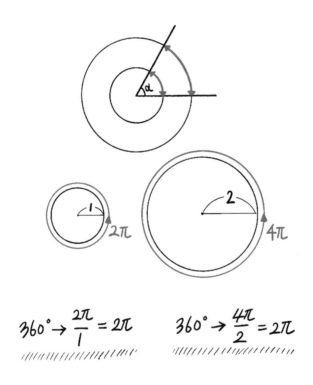

$$360° \rightarrow \frac{2\pi}{1} = 2\pi \qquad 360° \rightarrow \frac{4\pi}{2} = 2\pi$$

$$360° \rightarrow \frac{2\pi(m)}{1(m)} = 2\pi$$

$$360° \rightarrow \frac{4\pi(m)}{2(m)} = 2\pi$$

길이를 길이로 나누면 단위는 없다

결국 호도법은 각도를 단위가 없는 실수로 만드는 방법입니다. 여기서 '단위가 없다'는 것 때문에 혼란스러울 수 있습니다. 왜냐하면 학창 시절에, 호도법의 단위가 라디안radian이라고 배웠던 기억이 가물가물하실 테니까 말이에요. 하지만 '단위가 없다'는 것은 사실이에요. 호도법의 정의가 호의 길이를 반지름으로 나눈 것이라 했잖아요? 호의 길이도 길이, 반지름도 길이니까 길이를 길이로 나누면 당연히 단위는 없어지는 게 맞지요.

그럼 라디안은 뭐냐고요? 호도법의 라디안은 일종의 원산지 표기 정도로 이해하면 좋겠습니다. 호도법이라고 해서 실수 하나만 덩그

러니 적어 놓으면 무엇을 의미하는지 알 수 없으니까요. 그래서 '이 실수는 호도법으로 나타낸 각도다'라는 것을 밝히는 의미로 'rad'를 붙이는 거예요.

6부

기하

: 수학적 사고력과
논리력으로 쌓은 탑

1장

기하학
토지 측량에서 시작된 기하학

여러분은 '기하학' 하면 무엇이 떠오르시나요? 여러 도형의 길이나 각도를 구하는 문제들이 제일 먼저 떠오를지 모릅니다. 그런데 곰곰이 생각하면 참 이상해요. 문방구에서 파는 자와 각도기만 있으면 충분히 잴 수 있는 것을 왜 굳이 수학 시간에 배우는 걸까요?

기하학은 땅을 측량하는 방법

기하학은 영어로 'Geometry'입니다. 'geo'는 땅이라는 의미이고, 'metry'는 측량을 의미하죠. 즉, 기하학의 어원은 땅을 측량하는 것과 관련이 있습니다. 기원전 2000년경 이집트는 나일강을 중심으로 번성했습니다. 강 주변의 땅이 비옥해서 경작과 목축에 적합했기 때문이지요. 그러나 나일강 주변은 문제가 하나 있었어요. 비가 많이 내리는 우기에는 강이 범람해서 땅의 경계가 모호해졌거든요. 그래서 훼손된 경계를 복원하기 위해 측량 기술이 발전했고 이것이 기하학의 시초가 되었습니다.

아이들에게 이런 기하학의 유래를 들려주면 어떻게 반응할까요? '우아! 기하학의 유래가 너무 신기하고 재밌어요. 빨리 배우고 싶어요.' 이러는 학생은 결코 없습니다. 제 경험상 수학의 역사나 쓸모를 들려주어 관심을 끄는 수업의 말로는 그다지 좋지 못했어요. 수학 이야기라면 일단 거부하고 보는, 학습된 거부 반응인 셈이죠.

내가 이 인간 믿지 말았어야 했는데…

기하학은 땅을 측량하는 문제로부터 출발했지만 그것이 기하학의 전부는 아닐 거예요. 단순히 측량 기술을 배우는 학문이었다면 수학 시간에 등장하지도 않았겠지요. 분명 또 다른 가치가 있었기 때문에 수학의 한 분야로 자리매김했을 겁니다. 우리는 기하학에서 어떤 메시지를 얻을 수 있을까요? 지금부터 기하학의 의미를 차근차근 곱씹어 봅시다.

2장

기하학의 바탕
평면에서는 맞고 곡면에서는 틀리다

우리는 종종 이런 경험을 합니다. 똑같은 상황을 겪더라도 주변 환경에 따라 옳고 그름이 달라지는 일 말이에요. 문화적 차이 때문에 어느 나라에서는 허용되는 것이 다른 나라에서는 안 된다거나, 시대의 변화에 따라 판단의 기준이 바뀌는 경우처럼요.

우리가 학교에서 배웠던 기하학도 마찬가지입니다. 철석같이 진실이라고 믿던 사실도 상황이 달라지면 거짓일 수 있습니다. 예를 들어 두 점을 잇는 직선은 오직 하나만 그릴 수 있다거나, 삼각형의 내각의 합은 $180°$라는 기하학적 사실도 어떤 상황에서는 거짓이 될 수 있답니다.

두 점을 잇는 직선은 과연 하나뿐일까?

종이 한 장을 꺼내 그림을 그려 봅시다. 우선 점 하나를 찍고 적당한 거리에 또 하나의 점을 찍어 볼게요. 첫 번째 점을 A, 두 번째 점을 B라고 하죠. 그리고 점 A에서 점 B로 곧은 선을 하나 긋습니다. 이것을 선분Line Segment이라고 해요. 선분은 양 끝이 막혀 있는 선을 말합니다.

이번에는 선분을 연장하여 점 B 너머로 계속 선을 그어 봅니다. 이렇게 어느 한 방향으로 무한히 연장되는 선을 반직선Ray이라고 하는데 이 반직선은 한쪽이 막히고 다른 한쪽은 열려 있습니다. 만약 선이 양쪽으로 무한히 연장된다면 우리는 이것을 직선Straight Line이라고 불러요. 직선은 양방향으로 모두 열려 있지요. 우리는 직선의 정의에서 이 사실들을 알 수 있습니다.

- 직선은 구부러지지 않고 곧게 뻗은 선이다.
- 두 점을 지나는 직선은 오직 하나뿐이다.

선분　반직선　직선

두 점을 연결하는 선의 종류.

어렵지 않죠? 이번에는 바탕을 조금 바꿔 보겠습니다. 평평한 종이 위가 아니라 사인펜으로 공 위에 선을 그리는 상황을 상상해 봅시다. 그럼 공 위에서도 직선의 특징이 그대로 적용될까요?

공 표면에 그은 선은 직선일까, 곡선일까?

우선 공 위에 그려진 선은 직선이라고 부르기 애매할 것 같아요. 공 표면을 따라서는 휘어진 선만 그릴 수 있으니까요. 그러니 공 위에서는 직선의 정의를 조금 바꿔야 해요. 꼭 곧은 모양이 아니어도 최단 거리이기만 하면 직선이라고 부르는 거죠. 이렇게 정의가 바뀌면 공 위에서도 얼마든지 직선을 그릴 수 있게 됩니다.

그러나 이렇게 직선의 정의를 바꾸어도 '두 점을 지나는 직선은 오직 하나'라는 정의를 만족하지 않는 경우가 있습니다. 두 점이 공의 정반대 위치에 있는 경우죠. 어느 방향으로 가도 거리가 같으니 두 점을 잇는 최단 거리의 직선은 무한개가 되니까요. 마치 북극에서 남극으로 가는 최단 거리 경로가 무수히 많은 것처럼요. 즉, 구체 위에서는 우리가 아는 직선의 특징이 모두 거짓이 됩니다.

양극을 잇는 최단 경로는 무수히 많다.

삼각형 내각의 합이 과연 180°일까?

삼각형의 세 꼭짓점 각도를 모두 더하면 180°입니다. 우리는 이 사실을 의심해 본 적이 없어요. 학교에서 거짓을 가르치지는 않으니까요. 하지만 그 믿음마저 때에 따라 다를 수 있다면 어떨까요? 학생들

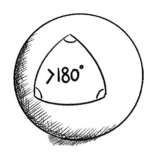

구체 위 정삼각형의 한 각은 60도 이상?

엄마의 수학책

이 발야구를 하기 위해 학교 운동장에 큰 삼각형을 그렸다고 칩시다. 하지만 아무리 정교하게 그려도 삼각형 내각의 합은 180° 가 될 수 없습니다. 왜냐고요? 지구는 둥글기 때문이죠. 구체 위에서 삼각형 내각의 합은 항상 180° 보다 클 수밖에 없거든요.

'남쪽으로 한참을 걸었다. 그러다가 동쪽으로 방향을 틀어 걸었다. 마지막으로 북쪽으로 걸었다. 그랬더니 원래 자리로 되돌아왔다.' 이게 가능한 일일까요? 종이 지도 위에서는 불가능하지만 둥근 지구 표면에서라면 가능합니다. 구체 위에서 삼각형 내각의 합은 270° 가 될 수도 있기 때문이죠.

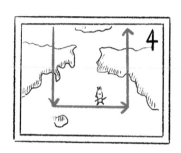 

2번만 방향을 꺾어도 제자리로 돌아오는 기적!

삼각형 내각의 합이 180° 보다 작은 경우도 있어요. 만약 공간이 말의 안장처럼 휘어져 있다면 어떨까요? 그 표면에 삼각형을 그리면 내각의 합은 180° 보다 작을 수 있습니다. 결국 곡률을 가진 면에서는 우리가 알고 있던 삼각형의 특징이 거짓이 될 수 있다는 거죠.

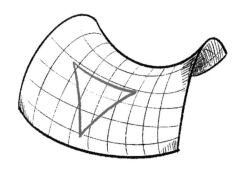

말안장 위 정삼각형의 한 각은 60도 이하?

우리의 기하 상식을 송두리째 뒤흔드는 곡률

기하학은 그 바탕 공간이 평면인지 곡면인지에 따라 옳고 그름이 달라집니다. 그럼 우리가 학창 시절에 배웠던 기하학의 바탕은 무엇일까요? 예상하셨겠지만 모두 평면에 바탕을 두고 있습니다. 이처럼 평면에 바탕을 둔 기하학을 평면 기하학 또는 유클리드 기하학이라고 합니다. 반면에 평면이 아닌 공간, 즉 곡률이 조금이라도 있는 공간에서의 기하학을 비유클리드 기하학이라고 하지요.

그렇다면 현실은 유클리드 공간에 가까울까요, 아니면 비유클리드 공간에 가까울까요? 주위를 한번 둘러보세요. 대부분의 사물이 곡률이 있는 형체일 거예요. 의자나 컵처럼 인공물은 물론이고 태양, 지구, 산과 바다, 돌과 나무 등 자연의 형상들은 더욱 비유클리드 공간에 가깝습니다. 어쩌면 완벽한 평면은 존재할 수 없는 비현실적인 공

엄마의 수학책

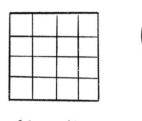

유클리드 기하학   비유클리드 기하학

우리의 현실은 비유클리드 기하학 세상이다.

간일 수도 있겠습니다. 그런데도 우리는 평면이라는 극히 제한된 조건에서만 성립하는 유클리드 기하학을 공교육 12년 동안 배웁니다. 왜일까요? 학교에서는 기하학을 통해 우리에게 무얼 알려 주려 했던 걸까요?

3장

유클리드 기하학
수학 증명의 시초

유클리드는 기원전 약 300년경에 활동한 그리스 수학자입니다. 기하학에 그의 이름을 붙여 부르는 이유는 그가 쓴《기하학 원론》이라는 책 때문이에요.《기하학 원론》은 인류 역사를 통틀어 성경 다음으로 많이 인쇄된 베스트셀러예요. 지금의 학생들이 배우는 기하학도 대부분《기하학 원론》에 나오는 내용입니다. 그만큼 어마어마한 영향력을 끼친 책이지요.

아마 유클리드는 저세상에서도 편하지만은 않을 거예요. 무려 2300년 전에 자신이 양피지 위에 쓴 기하학을 오늘날의 학생들도 머리 싸매고 공부하니까요. 아마 기하학 시험이 있는 날이면 귀가 간지럽지 않을까요?

엄마의 수학책

댓글 사용이 중지되었습니다.

현재라면 유클리드는 악플에 시달리지 않았을까?

증명 구조가 유클리드 기하학을 위대하게 만든다

유클리드 기하학은 오직 평면에만 적용되는 기하학입니다. 바탕면이 조금만 휘어져도 설명이 되지 않는 매우 제한적인 기하학이지요. 그럼에도 불구하고 유클리드의《기하학 원론》은 인류 최고의 수학 서적으로 평가받습니다. 이 책이 인류 최초의 기하학 서적일까요? 가장 방대한 양의 개인 창작물이었을까요? 둘 다 아닙니다. 최초도 아닐뿐더러 100퍼센트 유클리드 본인의 창작물도 아니거든요. 이 책은 피타고라스, 플라톤, 히포크라테스와 같은 선대 수학자들의 기하학 지식을 모아서 정리한 책이에요. 그런데 왜 수학자들은 이 책에 열광할까요? 무엇이 이 책을 인류 역사에 길이 남을 베스트셀러로 만들었을까요?

그것은 바로 빈틈없는 '증명 구조' 때문입니다. 유클리드는 그저 기하학 지식을 나열한 것이 아니라 자신이 제안하는 증명의 흐름에 따라 매우 체계적으로 기술했거든요. 그 추론의 과정이 너무나도 매력적이었던 거죠. 그런데 증명은 뭐고, 기하학과는 어떤 관계가 있는 걸까요?

증명은 결코 쉬운 주제가 아닙니다. 객관식은 신의 가호라도 기대해 볼 수 있지만, 이에 비하면 증명 문제는 사막 한가운데에 벌거벗고 선 듯한 모욕감을 안겨 주니까요. 그렇지만 증명을 빼고는 수학을 논할 수 없습니다. 왜냐하면 수학 자체가 논리적 추론을 배우는 학문이기 때문이죠. 증명이 곧 수학이고 수학이 곧 증명이라고 할 수 있으며, 증명은 수학의 다른 말과도 같다고도 볼 수 있습니다.

그만큼 중요한 증명의 기틀을 마련한 것이 바로 유클리드의 《기하학 원론》입니다. 이후 유클리드가 제안한 증명의 구조는 많은 수학자에게 영감을 주었고 현대적인 수학이 만들어지는 데 큰 영향을 미쳤습니다. 또한 《기하학 원론》이 최고의 수학 서적으로 평가받는 이유이기도 합니다. 그럼 유클리드가 제안하는 증명의 구조는 어떤 모양을 하고 있을까요?

정의, 공리, 공준, 명제

《기하학 원론》은 총 465개의 명제를 다루고 있습니다. 명제란 증명해야 할 대상을 말해요. '삼각형 내각의 합은 180°이다' 또는 '이등변 삼각형의 두 밑각은 서로 같다'와 같은 기하학 진술들이 모두 명제에 해당합니다. 이러한 명제들을 증명하는 과정에서 3가지 중요한 개념, '정의Definition, 공리Common Notions, 공준Postulates'이 등장합니다.

유클리드는 23개의 정의, 5개의 공리, 5개의 공준을 이용해 총 465개의 기하학 명제를 증명하는 방식으로《기하학 원론》을 기술했습니다.

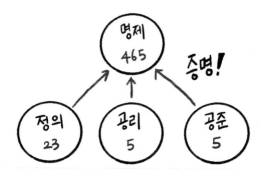

3형제가 힘을 모아 465개의 명제를 증명하다.

그럼 정의, 공리, 공준은 무엇일까요? 이것들을 이해하기 위해 아리스토텔레스의 삼단 논법을 이용할까 합니다.

> 사람은 죽는다.
>
> 소크라테스는 사람이다.
>
> 따라서 소크라테스는 죽는다.

삼단 논법은 우리가 이미 알고 있는 사실(사람은 죽는다, 소크라테스는 사람이다)로부터 모르는 사실(소크라테스의 죽음)을 이끌어 내는 연역법의 한 예입니다. 물론 듣고 보면 너무 당연한 이야기라 시시하긴 하죠. 하지만 이 당연해 보이는 추론 안에는 그리 호락호락하지 않은 문제들이 숨어 있어요.

증명은 정의에서 시작된다

사람은 죽는다고 했는데, 여기서 '사람'의 정의는 무엇일까요? 생각하는 생명체일까요? 생각이 인간과 동물을 구분 짓는 기준이라면 고릴라와 사람은 어떻게 구분할 수 있을까요? 정신 활동의 어디까지가 인간 고유의 영역일까요?

이처럼 간단해 보이는 단어도 정확하게 정의를 내리려고 하면 난

감해지는 경우가 많습니다. 마찬가지로 '죽음'의 정의도 쉽지 않아요. 죽는다는 것은 어떤 상태를 말하는 걸까요? 심장이 멈춘 상태? 아니면 뇌가 멈춘 상태? 멈춤의 의미는 또 무엇일까요? 인지 영역의 활동이 멈춘 상태? 뇌의 전기화학적 활동이 멈춘 것?

따지지 마라.

즉, 삼단 논법이 성립하기 위해 가장 먼저 필요한 것은 단어의 정의입니다. 그렇지 않으면 서로 무엇을 말하는지조차 알 수 없을 겁니다. 유클리드 기하학도 마찬가지예요. 점이란 무엇이고 선이란 무엇인지, 명제에 사용되는 단어들을 명확히 할 필요가 있었습니다. 유클리드는 총 23개의 정의를 제시하고 있답니다.

유클리드 기하학 원론 정의

1. 점은 넓이가 없는 위치이다.

2. 선은 폭이 없는 길이이다.

3. 선의 끝에는 점이 있다.

4. 직선은 무수히 많은 점이 늘어선 것이다.

5. 면이란 길이와 폭만을 갖는다.

6. 면의 끝에는 선이 있다.

7. 평면이란 무수히 많은 직선이 늘어선 것이다.

8. 평면각이란 같은 평면 위에 놓인 두 선의 기울기이다. 단, 두 선은 한 직선 위에 놓여 있지 않다.

9. 곧은 각이란 두 직선이 이루는 각도이다.

10. 직선을 교차하는 다른 직선이 만드는 이웃한 각이 서로 같을 때 두 각은 직각이다.

11. 둔각이란 직각보다 큰 각이다.

12. 예각이란 직각보다 작은 각이다.

13. 경계란 어떤 것들의 끝이다.

14. 도형이란 하나 이상의 경계들로 둘러싸여 있다.

15. 원이란 한 점으로부터 거리가 같은 점들이 선을 이룬 것이다.

16. 15번에서 말하는 한 점을 원의 중심이라고 한다.

17. 원의 지름이란 원의 중심을 지나고 원주의 양 끝과 만나는 선분이며 원을 이등분하는 것이다.

18. 반원이란 지름과 지름으로 잘린 원주로 둘러싸인 도형이다. 반원의 중심과 원의 중심은 같다.

19. 다각형이란 직선으로 둘러싸인 도형이다. 삼각형은 3개의 직선, 사각형은 4개, 다각형은 4개보다 많은 직선으로 둘러싸여 있다.

20. 삼각형 중에서 정삼각형이란 세 변의 길이가 같은 것이다. 이등변 삼각형은 두 변의 길이가 같다. 부등변 삼각형은 세 변의 길이가 모두 다르다.

21. 삼각형 중에서 직각 삼각형이란 하나의 직각을 포함한다. 둔각 삼각형은 하나의 둔각을 포함하며 예각 삼각형은 세 각이 모두 예각이다.

22. 사각형 중에서 정사각형이란 네 변의 길이가 모두 같고 네 각이 모두 직각인 사각형이다. 직사각형이란 네 각이 모두 직각이나 네 변의 길이가 모두 같지는 않다. 마름모란 네 변의 길이가 모두 같으나 네 각이 모두 직각은 아니다. 평행사변형이란 마주 보는 변의 길이와 마주 보는 각의 크기는 같으나 네 변이 길이가 모두 같지 않고 네 각이 모두 직각도 아니다. 이외의 사각형은 부등변 사각형이다.

23. 평행은 두 직선의 양 끝을 무한히 연장해도 만나지 않는 것이다.

너무나 자명한 추론의 규칙, 공리

삼단 논법이 성립하기 위해 두 번째로 필요한 것이 공리입니다. 공리는 영어로 'Common Notion'이라고 하는데, 공통적인 관념을 말합니다. 예를 들어 볼까요? A와 B가 서로 같습니다. B와 C가 서로 같습니다. 그럼 A와 C는 서로 어떤 관계일까요? 정답은 '서로 같다'입니다. 자세히 보면 아리스토텔레스의 삼단 논법을 일반화한 것이지요.

$$A = B, B = C \rightarrow A = C$$

여러분은 어떻게 정답을 맞힐 수 있었나요? 누군가에게 배웠기 때문인가요, 아니면 본능적으로 이해할 수 있었나요? 아마 설명할 수는 없지만 본능적으로 알고 있었을 거예요. 공리는 누가 가르쳐 주지 않아도 자연스럽게 이해할 수 있는 추론의 규칙이거든요. 그래서 공리란 인간의 뇌에 이미 프로그래밍되어 있는 본질적 속성이라고 말하는 사람도 있습니다. 유클리드는 그 추론의 규칙을 끄집어내어 공통 관념이라는 이름으로 기술했습니다. 그렇게 제안한 공리는 5개가 있습니다.

1. 같은 것과 같은 것끼리는 서로 같다. (A = B, B = C이면 A = C)

2. 서로 같은 것에 같은 것을 더해도 같다. (A = B일 때 A + C = B + C)

3. 서로 같은 것에 같은 것을 빼도 같다. (A = B일 때 A - C = B - C)

4. 겹쳐서 일치하는 것은 서로 같은 것이다.

5. 전체는 부분보다 크다.

너무나도 당연해서 할 말을 잃을 정도죠. 하지만 유클리드가 천재인 이유는 바로 여기에 있습니다. 보통 당연하다고 생각하는 것을 구체적인 언어로 풀어내는 일은 상당한 내공이 필요하거든요. 당연한 것을 당연하게만 보지 않았기에 가능한 업적입니다.

한 치의 의심도 없어야 할 공준

삼단 논법이 참이 되기 위해 필요한 마지막 조건은 공준입니다. 우리는 소크라테스의 죽음을 유추하기 위해 2가지 진술을 사용했습니다. 첫째는 사람이 죽는다는 것이고, 둘째는 소크라테스가 사람이라는 진술이지요. 그런데 이 2가지 진술이 정말 참일까요? 저 깊은 숲속 어딘가에 불로불사의 사람이 살고 있을 가능성은 전혀 없을까요? 혹은 소크라테스가 지구인의 거죽을 쓴 외계인이라면요? 사약을 마시고 죽은 것이 아니라 순간 이동을 가능하게 해 주는 물약을 마시고 자신의 행성으로 돌아간 것일 수도 있잖아요.

지구인들이여
너 자신을 알라
난 간다 ~

소크라테스의 인터스텔라?

이처럼 연역적 추론은 앞선 진술이 참이라는 전제하에서만 성립합니다. 만약 그 진술들마저 의심하게 된다면 모든 증명 문제는 끝이 없게 되겠죠. 따라서 증명의 근간에는 반드시 증명조차 필요 없는 참의 사실이 있어야만 합니다. 설령 참이 아니더라도 모든 사람이 합의하에 참으로 인정하는 사실이 있어야만 연역적 추론은 의미가 있습니다.

기하학 명제들도 마찬가지예요. 수학적 증명이 연역법에 기초한다면 모든 명제의 근간에는 결국 의심 없이 참으로 인정하는 진술이 있어야 한다는 거죠. 유클리드는 이것을 두고 모든 증명의 시작점을 의미하는 '공준'이라고 정했습니다.

엄마의 수학책

기하학에 담긴 논리적 추론이라는 삶의 지혜

앞서 살펴본 것처럼 유클리드《기하학 원론》에는 논리적으로 완벽한 증명을 위해 정의, 공리, 공준, 명제 등 4가지 개념이 등장합니다. 이들의 관계는 어렵지 않게 이해할 수 있어요. 제일 먼저 용어의 뜻을 알아야 하니 '정의'가 필요할 테고, 모든 명제의 근간이 되는 최초의 참의 진술인 '공준'이 필요하지요. 그리고 추론의 규칙인 '공리'를 이용해 다양한 '명제'들을 끌어내는 것이 곧 증명입니다.

증명이라는 나무를 구성하는 것들.

유클리드 기하학은 막연했던 수학적 증명의 구조를 체계적으로 설명했기 때문에 지금까지도 위대한 서적으로 남게 되었습니다. 오늘날 학교에서 배우는 기하학도 마찬가지입니다. 흔히 기하학을 도형의 특징을 공부하는 과목 정도로 알고 있지만 그것이 전부가 아니에요. 도형이라는 대상을 다룰 뿐, 실제로 기하학이 전하는 메시지는 논리적 추론에 있습니다. 그리고 그 추론의 힘을 꼭 수학 시간에만 사용하라는 법은 없어요. 살면서 마주하는 난감한 문제들을 더 날카로운 판단력으로 해결하는 힘이 될 수 있으니까요.

4장

공준
결코 부정할 수 없는 기하학 명제의 근본

공준은 기하학 명제들의 뿌리이자 출발점입니다. 그만큼 공준은 어떤 깐깐한 수학자도 증명을 요구하지 않을 만큼 흠결 없는 진술이어야 하며, 모두가 참으로 인정해야만 합니다. 유클리드가 제안한 5개의 공준은 무엇일까요?

유클리드 기하학의 제1 공준

종이 위에 점 A를 찍어 봅시다. 이번에는 점 A와 멀찍이 떨어진 위치에 또 다른 점 B를 찍습니다. 그리고 두 점을 잇는 직선을 하나 긋습니다. 직선이니까 구부러지지 않도록 조심해서 그려야겠네요. 우리는 이것을 선분이라고 했습니다. 그럼 두 점을 잇는 선분은 몇 개나 그릴 수 있을까요? 맞습니다, 바로 1개입니다. 이것이 유클리드 기하학의 제1 공준입니다.

임의의 점과 다른 한 점을 연결하는 직선은 단 하나뿐이다.

하지만 곡면 위에서는 제1 공준이 참이 아닐 수도 있다고 했지요? 그래서 곡률이 있는 공간에서 유클리드 기하학은 모두 거짓이 됩니다. 공준 자체가 틀렸기 때문에 그 위에 쌓아 올린 명제 또한 거짓이 된다는 점을 기억하세요.

유클리드 기하학의 제2 공준

제1 공준에서 그린 선분은 양방향으로 구부러지지 않은 채 무한히 연장할 수 있습니다. 우리는 이것을 직선이라고 불렀습니다. 여기에 유클리드의 두 번째 공준이 있습니다.

엄마의 수학책

유클리드 기하학의 제3 공준

이번에는 임의의 선분 한끝에 핀을 꽂을 거예요. 그리고 다른 한 점에는 연필을 대고 선분의 길이가 변하지 않도록 둥글게 그릴 겁니다. 어떤 모양이 나올까요? 바로 원입니다. 이것이 유클리드의 세 번째 공준입니다.

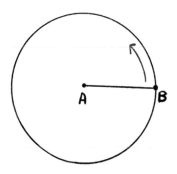

임의의 점을 중심으로 하고 임의의 길이를 반지름으로 하는 원을 그릴 수 있다.

유클리드 기하학의 제4 공준

네모난 색종이의 한 변의 중앙에 점을 찍습니다. 이 점을 기준으로 좌우 변이 이루는 각도를 평각平角이라고 하는데 180° 가 되겠지요. 이제 색종이를 정확히 반으로 접었다가 폅니다. 평각을 반으로 접어서 만들어진 직각은 서로 정확히 포개어집니다. 따라서 직각은 서로 같음을 알 수 있습니다. 여기서 유클리드의 네 번째 공준이 나옵니다.

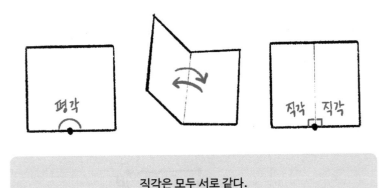

직각은 모두 서로 같다.

유클리드 기하학의 제5 공준

나란해 보이는 직선 2개가 있습니다. 그런데 실제로 나란한지 어떻게 알 수 있을까요? 2개의 직선에 교차하도록 하나의 직선을 더 그려 줍니다. 그리고 같은 쪽에 있는 내각의 합이 180° 보다 작으면 두 직선을 쭉 연장했을 때 언젠가는 만나게 됩니다. 만약 내각의 합이 정확히 180°라면 두 직선은 평행하겠지요. 유클리드의 제5 공준은 자칫 어려워 보이지만 결국 평행선에 대한 이야기입니다. 그래서 제5 공준은 평행선 공준이라 불리기도 하지요.

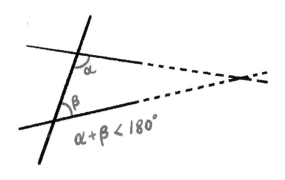

두 직선이 다른 한 직선과 만나 이루는 두 동측 내각의 합이 180°보다 작다면, 이 두 직선을 무한히 연장할 때 그 두 동측 내각과 같은 쪽에서 만난다.

제5 공준을 둘러싼 의심과 논쟁

유클리드가 제시한 공준 중에서 눈에 거슬리는 공준이 하나 있습니다. 제1 공준부터 제4 공준까지는 너무나 자명해 보이기 때문에 누구도 딴지를 걸 수 없어요. 반면에 제5 공준은 다른 공준들에 비해서 말도 길고 언뜻 이해가 가지 않죠. 듣자마자 '아!' 할 만한 부분이 없으므로 공준으로 보기에 다소 애매한 구석이 있습니다. 수학자들은 제5 공준을 의심하기 시작했어요. 혹시 앞의 4개 공준으로부터 제5 공준을 증명할 수 있지 않을까 생각한 거죠. 만약 제5 공준이 증명 가능하다면 공준 자격을 박탈할 수도 있었습니다.

넌 좀 의심스러워!

그러고 보면 수학자들은 참 '적당히'가 없는 듯해요. 선대 수학자 예우 차원에서라도 그런가 보다 하면 될 텐데 굳이 증명하려고 드니까요. 수학자들이 사람들에게 사랑받지 못하는 데는 다 이유가 있는 거죠. 아무튼 수많은 수학자가 유클리드의 제5 공준이 공준이 아니거나 혹은 참이 아닐 수도 있음을 증명하기 위해 매달렸습니다. 과연 누구의 승리로 끝났을까요?

수학자들은 2000년이 넘도록 제5 공준을 의심했지만 그 누구도 공준이 아님을 밝혀내지 못했습니다. 오히려 제5 공준에 대한 수학자들의 연구는 비유클리드 기하학을 발전시키는 토대가 되었고, 유클리드 기하학을 한층 더 위대하게 만들어 주었지요.

빅뱅과 기하학이 쌍둥이?

유클리드 기하학은 우주의 탄생과 닮았다는 생각이 듭니다. 우주 탄생 이론 중 대세는 빅뱅 이론이지요. 약 138억 년 전 우주가 아주

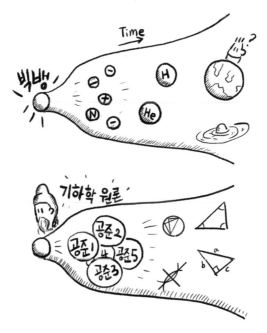

빅뱅과 기하학 이전은 상상할 수 없어!

작은 점으로부터 대폭발과 함께 탄생했다는 이론이죠. 빅뱅의 순간, 우주는 단지 몇 종류의 기본 입자에서 출발했습니다. 양성자, 중성자, 전자 같은 입자들이지요. 하지만 우주의 팽창과 함께 기본 입자들은 뭉쳐져 다양한 원소를 만들고 지금의 우주를 만들었습니다.

기하학도 우주의 모습과 닮았습니다. 오직 5개의 공준으로부터 시작되어 수많은 기하학 명제로 발전해 왔으니까요. 게다가 빅뱅 이전의 우주를 상상할 수 없듯 공준 이전의 진술을 논할 수 없는 것도 닮은 부분 중 하나입니다. 그렇다면 혹시 기하학에는 우주 만물의 원리가 숨어 있는 건 아닐까요?

5장

눈금 없는 자와 컴퍼스
기하 세상의 유일한 도구

   기하학 시험이 있는 날, 도형의 길이를 구하는 문제를 내면 꼭 이런 학생이 있습니다. 일단 시험지의 끝을 길게 찢어요. 그리고 그 위에 인간이 그릴 수 있는 가장 정교한 눈금을 연필로 그리죠. 그러고 나서 시험지 위에 대고 직접 길이를 잽니다. 삼각형이나 원의 성질 따위 몰

난 천재야...

이런 정성이면 추가 점수도 줘야지.

라도 직관적으로 문제를 풀 수 있는 참 창의적인 학생들입니다.

여기서 더 발전한 학생은 각도를 묻는 문제도 가볍게 해결해 냅니다. 시험지의 모퉁이를 접어 '모서리 각도기'를 만드니까요. 시험지 모서리가 직각이라는 사실과 도형의 닮음을 응용한 학생들이죠. 이 학생들의 전략은 어느 정도 효과가 있습니다.

출제 교사가 깐깐한 성향이라면 기하학 문제를 낼 때 도형의 비율을 최대한 유지하려 합니다. 그러니 길이를 직접 재는 학생들의 전략에는 나름 수학 교사의 심리적 성향을 간파한 통찰이 있다고 볼 수 있겠네요. 물론 이런 학생들의 전략을 역이용하는 교사도 있다는 점은 밝히지 않겠습니다.

눈금 없는 자와 컴퍼스만이 수학의 진리

기하학 시험 문제들은 길이나 각도를 묻는 문제가 많죠. 그런데 왜 직접 재면 안 되는 걸까요? 이 질문의 해답은 바로 공준에 있습니다. 유클리드의 제1~3 공준을 다시 볼까요?

제1, 2 공준은 '직선을 똑바로 그릴 수 있는 자'를 의미합니다. 수학자들은 이것을 '눈금 없는 자'라고 하죠. 길이를 잴 수는 없으니까요. 그럼 제3 공준은 무엇일까요? 다양한 크기의 원을 그릴 수 있는 컴퍼스를 말합니다.

엄마의 수학책

제1 공준 : 임의의 점과 다른 한 점을 연결하는 직선은 단 하나뿐이다.

제2 공준 : 임의의 선분은 양 끝으로 무한히 연장할 수 있다.

제3 공준 : 임의의 점을 중심으로 하고 임의의 길이를 반지름으로 하는
원을 그릴 수 있다.

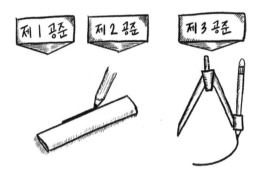

눈금으로 재는 건 하수들의 방법!

결국 기하학은 눈금 없는 자와 컴퍼스만 자명한 진실로 인정하고 있어요. 길이와 각도를 직접 재는 것은 수학 세상에서 거짓인 셈이죠.

수학 세상과 물리 세상은 엄연히 다르니까

길이와 각도를 재는 것은 물리 세상의 행위이지, 수학에는 있을 수 없는 일입니다. 기하학 시험 문제가 호수 둘레의 길이를 구하거나 나

무를 올려다본 각도를 묻는 문제가 나온다고 해서 수학에서도 길이나 각도를 잴 수 있다고 착각해서는 안 돼요. 예를 들어 삼각형 한 변의 길이를 구하는 문제를 생각해 봅시다. 한 변의 길이가 4센티미터일 때 다른 한 변의 길이를 알고 싶다면 어떻게 할까요? 물리 세상에서는 눈금자를 이용하겠죠. 가장 직관적이고 간단한 방법이니까요.

'대충' 4센티미터네. 이등변 삼각형인가?

하지만 이때 측정된 길이는 얼마나 정확한 값일까요? 아무리 정교한 자를 만들어도 제조 공정 차이, 온도, 습도 등 여러 요인에 따라 자의 길이가 달라져요. 물리학자들도 표준 길이를 정의하기 위해 86Kr(크립톤 86)이라는 원소의 특정 파장을 이용하거나 빛의 속도를 이용하는 등 일반인이 생각하기 어려운 방법들을 동원하죠. 그만큼 물리 세상에서 정확한 길이를 구한다는 것은 불가능해요. 그러니 아무리 노력해도 우리가 측정한 길이는 '대충'의 길이인 셈이지요.

하지만 수학 세상에서 '대충'이란 없어요. 수학은 철저히 이상적인 세상이고 빈틈없이 논리적인 추론 위에 만들어진 세상이니까요. 결국 수학 세상의 관점에서는 길이를 알 수 없다고 답해야 정답입니다.

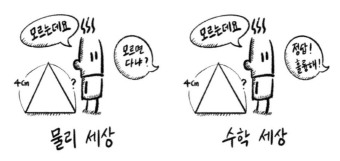

이래서 수학 세상에서 살아야 합니다.

만약 이 삼각형의 밑각이 서로 같다는 추가적인 정보가 주어진다면 어떨까요? 이때는 이등변 삼각형의 특징으로부터 다른 한 변도 4센티미터임을 논리적으로 추론할 수 있겠죠. 수학 세상에서는 논리적 추론의 힘이 더 중요하다는 사실을 알아야 합니다. 길이나 각도 자

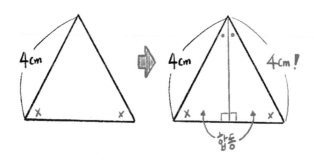

추론하면 '정확히' 4센티미터네.

체는 중요하지 않아요. 그 길이와 각도를 추론해 내는 생각의 연결 고리가 중요한 거죠.

라파엘의 그림 〈아테네 학당〉의 한편에 컴퍼스를 든 한 사람이 학생들과 기하학을 논하는 장면이 나옵니다. 이 사람이 유클리드인지 아르키메데스인지 명확한 설명은 없어요. 다만 눈금 없는 자와 컴퍼스만으로 도형의 성질을 탐구하고 토론하는 모습을 통해, 오늘날보다 기하학의 본질에 가까운 교육을 하고 있지 않았나 생각해 봅니다.

엄마의 수학책

6장

유클리드 기하학의 명제들
공준 위에 쌓아 올린 논리의 탑

유클리드의 《기하학 원론》에는 어떤 명제들이 있었을까요? 오직 눈금 없는 자와 컴퍼스만을 이용해서 증명하는 것이 가능할까요? 여기 첫 번째 명제가 있습니다.

유클리드 기하학 명제 1번

주어진 선분을 한 변으로 하는 정삼각형을 그릴 수 있다.

유클리드 기하학 원론의 첫 번째 명제는 정삼각형을 작도하는 것입니다. 임의의 선분 하나만 주어졌을 때 그 선분을 한 변으로 하는 정삼각형을 그릴 수 있는지 증명하는 문제예요. 만약 물리 세상이라면 어떻게 정삼각형을 그릴 수 있을까요?

정삼각형의 각 모서리가 60° 임을 알면 각도기를 이용해서 빗변을 그려 정삼각형 그리기를 완성할 수 있겠죠. 또 이 삼각형이 정삼각형 인지 다시 한번 확인하고 싶다면 눈금자를 이용해 세 변의 길이가 같은지 재 볼 수도 있고요.

하지만 이렇게 그린 삼각형이 정말 정삼각형일까요? 눈금자와 각도기는 오차가 있기 때문에 누구도 정삼각형이라고 확신할 수 없습니다. 결국 물리 세상에서 명제 1번은 증명할 수 없는 거죠.

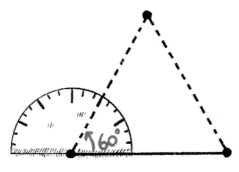

첫 번째 미션은 정삼각형 작도하기.

그럼 수학 세상에서는 어떨까요? 이 문제의 핵심은 논리적 추론만으로 정삼각형을 그릴 수 있는지 없는지 증명하는 거예요. 물론 사용할 수 있는 도구는 눈금 없는 자와 컴퍼스뿐이고요. 유클리드는 다음의 과정을 통해 명제 1번이 가능함을 입증했습니다.

엄마의 수학책

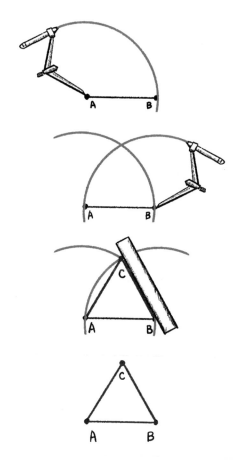

　우선 컴퍼스를 선분의 길이만큼 벌린 후 점 A를 중심으로 원을 그
립니다.(제3 공준) 마찬가지로 점 B를 중심으로 또 하나의 원을 그립니
다.(제3 공준) 그러면 총 2개의 원이 만들어졌지요. 두 원의 교점 C와
선분의 양 끝점 A, B를 눈금 없는 자로 연결합니다.(제1 공준) 이렇게
만들어진 삼각형이 정삼각형인지 확인해 볼까요?

선분 AC와 선분 AB는 왼쪽 원의 반지름이 되므로 서로 같습니다.(정의 15번) 마찬가지로 선분 AB와 선분 BC도 오른쪽 원의 반지름이 되므로 서로 같습니다.(정의 15번) 따라서 선분 AB, 선분 AC, 선분 BC가 모두 같음을 알 수 있어요.

$$AC = AB, AB = BC$$

$$\rightarrow AB = AC = BC \text{ (제1 공리)}$$

세 변의 길이가 같다는 정삼각형의 정의로부터 우리는 명제 1번이 참임을 증명할 수 있습니다.(정의 20번) 어떤가요? 정의, 공리, 공준, 명제와의 관계가 대략 보이시나요? 명제 1번을 증명하기 위해 정의 2개(정의 15, 20번), 공리 1개(제1 공리), 공준 2개(제1, 3공준)가 사용되었군요. 그럼 명제 하나만 더 볼까요?

유클리드 기하학 명제 2번

주어진 선분과 같은 길이의 선분을 원하는 위치에 그릴 수 있다.

유클리드 기하학 원론의 두 번째 명제는 주어진 선분을 복사하여 임의의 위치에 붙이는 문제입니다. 주어진 선분을 선분 AB라고 하고 멀찍이 떨어진 곳에 같은 길이의 선분 CD를 그릴 수 있는지 묻는 거죠. 물론 이 경우에도 사용할 수 있는 도구는 눈금 없는 자와 컴퍼스뿐입니다.

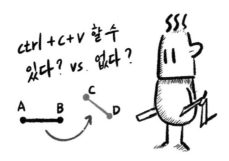

복사 붙여넣기 가능? 불가능?

명제 2번에 물리 세상의 접근법을 적용해 볼까요? 주어진 선분의 길이를 재서 그 길이만큼 원하는 곳에 그리면 되겠지요. 비록 간단하지만 이미 우리가 알고 있는 것처럼 눈금자의 오차 때문에 두 선분이 같은 길이임을 증명할 수 없습니다.

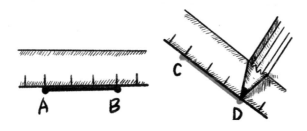

눈금자만 있으면 복사 붙여넣기 가능?

자, 그럼 이 문제를 수학 세상의 접근법으로 다시 봅시다. 오직 눈금 없는 자와 컴퍼스만 가지고 말이죠.

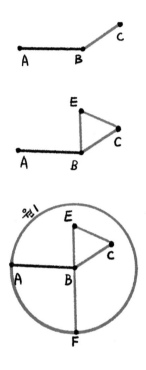

선분 AB를 옮겨 붙이고 싶은 적당한 위치에 점 C를 찍습니다. 그리고 선분 BC를 그립니다. (제1 공준) 이제 새로 생긴 선분 BC를 한 변으로 하는 정삼각형 BCE를 그려 줍니다. 정삼각형을 그리는 과제는 명제 1번에서 했었지요?(명제 1번)

점 B를 중심으로 하고 선분 AB를 반지름으로 하는 원을 그려 줍니다. 그리고 이 원을 원 1이라고 하겠습니다.(제3 공준) 그리고 선분 EB를 직선으로 연장하여 원 1과 만나는 점을 F라고 하겠습니다.(제2 공준)

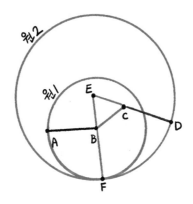

이번에는 선분 EF를 반지름으로 하는 원을 그려 줍니다. 그리고 이 원을 원 2라고 하겠습니다.(제3 공준) 마찬가지로 선분 EC를 연장하여 원 2와 만나는 점을 D라고 하겠습니다.(제2 공준) 자, 이제 그림은 모두 그렸습니다. 몇 가지 정의와 공리를 적용해 $\overline{AB}=\overline{CD}$임을 증명하면 되겠지요.

선분 EF와 선분 ED는 원 2의 반지름이 되므로 $\overline{EF}=\overline{ED}$입니다.(정의 15번) 삼각형 BCE는 정삼각형이므로 $\overline{EB}=\overline{EC}$입니다.(정의 20번) 따라서 $\overline{EF}-\overline{EB}=\overline{ED}-\overline{EC}$가 됩니다. 서로 같은 것에서 같은 것을 빼도 같으니까요.(제3 공리)

$\overline{EF}-\overline{EB}=\overline{ED}-\overline{EC}$를 다시 쓰면 $\overline{BF}=\overline{CD}$가 되고, 선분 BF와 선분 AB

는 원 1의 반지름이므로(정의 15번) $\overline{AB}=\overline{CD}$가 됩니다.

465개의 명제를 차곡차곡 쌓아 올리다

유클리드 기하학 원론에 등장하는 모든 명제의 증명 구조는 공준 위에 쌓아 올린 탑과 같습니다. 정의와 공리로 더욱 튼튼하게 굳어진 탑이지요.

유클리드는 총 465개의 명제를 이와 같은 구조로 증명했고 그 과정을《기하학 원론》에 고스란히 담았습니다. 그러다 보니《기하학 원론》은 수학책이라기보다 퍼즐 서적 같은 느낌도 들어요. 눈금 없는 자와 컴퍼스만으로 참과 거짓을 판별하는 퍼즐 말이에요. 생각해 보면 그럴 만도 합니다. 유클리드 기하학의 목적은 기하학적 진술 자체가 아니에요. 그보다는 진리에 이르는 과정에서 논리적 연결점을 찾는 힘이 더 중요하다고 말하고 있으니까요.

7장

피타고라스의 정리
유클리드만의 스타일로 증명하다

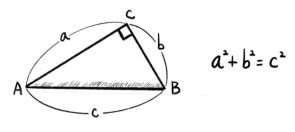

직각 삼각형과 피타고라스의 정리.

우리가 익히 들어 본 피타고라스의 정리는 직각 삼각형의 각 변의 길이에 관한 규칙입니다. 그런데 이 피타고라스의 정리가 유클리드 기하학 원론의 명제 47번으로 등장합니다. 물론 피타고라스의 정리는 기원전 570년경에 나왔고 유클리드는 기원전 300년경에 활동한 수학자이니까 이미 있던 정리를 기록한 것에 불과합니다. 그런데도 《기하학 원론》의 피타고라스의 정리가 유명한 이유는 유클리드만의 증명법 때문입니다.

증명과 논리라는 끈으로 꽁꽁 묶고 단단하게 다지다

피타고라스 정리의 증명 방법은 수백 가지가 있다고 알려져 있어요. 그중 으뜸으로 치는 것이 유클리드의 증명법입니다. 원작자의 증명법보다 더 널리 알려졌으니까요. 어떤 참신한 방법이었을까요?

직각 삼각형의 각 변을 한 변으로 하는 정사각형을 하나씩 그려 보면 피타고라스의 정리를 좀 더 가시적으로 볼 수 있습니다. $a^2+b^2=c^2$이란 결국 위쪽의 두 정사각형 면적을 합하면 아래쪽 정사각형의 면적과 같다는 의미가 되겠지요.

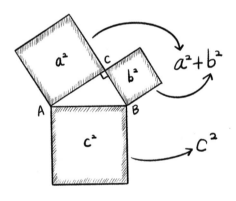

유클리드는 점 C에서 수선을 내려 아래의 정사각형을 2개로 쪼갰습니다. 그리고 사각형 ACED와 사각형 FGHA, 사각형 CBJK와 사각

형 HGIB가 각각 서로 같은 면적임을 증명하기로 했지요. 그러면
$a^2+b^2=c^2$이 성립할 테니까요.

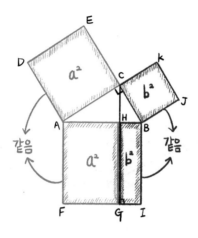

우선 왼쪽의 a^2 사각형들부터 먼저 볼까요?

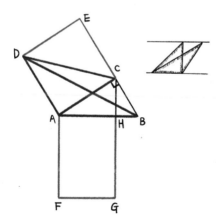

사각형 ACED를 반으로 나누어 삼각형 ACD를 그립니다. 그리고

삼각형 ABD도 함께 그려 보죠. 잘 보면 이 두 삼각형의 면적은 서로 같습니다. 밑변의 길이가 같고 높이도 같으니까요.

△ACD = △ABD

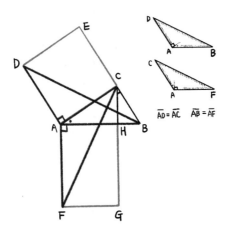

$$\overline{AD} = \overline{AC} \quad \overline{AB} = \overline{AF}$$

이번에는 삼각형 ABD와 ACF를 보겠습니다. 이 두 삼각형은 모양이 완전히 같은 합동 삼각형이에요. 왜냐하면 두 변의 길이가 서로 같고 사이의 각도 같으니까요.

△ABD ≡ △ACF

≡와 같이 세 줄을 그은 것은 서로 합동이라는 의미입니다.

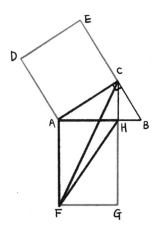

마지막으로 삼각형 ACF와 AHF도 면적이 같은 삼각형입니다.

△ACD = △ABD, △ABD = △ACF, △ACF = △AHF

정리하면 지금까지 언급한 삼각형들은 모두 그 면적이 같다는 사실을 알 수 있어요.

△ACD = △ABD, △ABD = △ACF, △ACF = △AHF

→ △ACD = △AHF

결론적으로 위쪽 정사각형의 절반인 삼각형 ACD와 아래쪽 직사각형의 절반인 삼각형 AHF의 면적은 서로 같으므로 두 사각형의 면적도 같게 됩니다.

□ACED = □FGHA

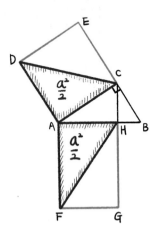

　같은 방식으로 반대편 사각형들도 충분히 증명할 수 있습니다. 피타고라스의 정리도 다른 명제들과 같은 증명 구조로 되어 있어요. 《기하학 원론》의 명제들은 공준에 뿌리를 두면서 흠결 없는 증명의 끈으로 서로 연결되어 있거든요. 마치 하나의 단단한 논리 결정체처럼 보이기도 합니다.

7부

확률과 통계

: 합리적인 결정을 위한
최고의 무기

1장

확률과 수학
동전 던지기가 수학이 된 사연

수학 분야 중 가장 실용적이고 활용 가치가 높은 하나를 꼽으라면 단연코 확률과 통계일 겁니다. 일기 예보부터 아이들 성적표까지 확률과 통계는 우리 생활 곳곳에서 이용되니까요. 그만큼 중요하기 때문에 매 학년 빠지지 않고 등장하는 단원이기도 하지요.

하지만 확률과 통계에는 나름 슬픈 사연이 있어요. 이상하게도 모든 학기의 가장 마지막에 배운다는 사실이에요. 그러니 아이들이 확률과 통계 단원에 이를 때쯤에는 이미 심신이 피폐해져 눈길조차 주지 못하는 경우가 허다합니다. 분명 배웠던 기억은 있으나 기억 상실에 걸린 것처럼 아무것도 떠오르지 않는 단원이 바로 확률과 통계죠. 안타깝게도 이 책의 마지막도 확률과 통계가 되었네요. 그래도 학창 시절보다 한결 편안한 마음으로 대할 수 있지 않을까요?

고마해라, 마이 묵었다.

승부가 나지 않은 게임의 상금 나누기

친구 A와 B가 재미 삼아 간단한 동전 던지기로 내기를 합니다. 동전을 던져 앞면이 나오면 A가 1점을 얻고 뒷면이 나오면 B가 1점을 얻는 게임이에요. 먼저 10점을 내는 사람이 상금으로 10만 원을 가져가기로 했습니다. 게임이 시작되고 몇 분이 지나자 8 대 7로 친구 A가 앞서는 상황이 되었어요. 그때 갑자기 공중에 던진 동전을 까마귀가 낚아채 날아가 버렸습니다. 그래서 더 이상 게임을 진행할 수 없게 되었죠. B가 너털웃음을 터뜨리며 말했습니다. "8 대 7로 자네가 1점 잃시고 있었으니 그냥 자네가 이긴 것으로 하지. 대신 밥 한번 사게, 허허."

A도 흔쾌히 답했어요. "좋아, 내가 맛있는 집을 알지. 어서 가세, 하하!"

중단된 게임, 누가 이겼다고 해야 할까?

참 훈훈한지요? 당황스러운 상황도 유연하게 해결하는 두 친구의 지혜를 엿볼 수 있습니다. 하지만 만약 상금이 10만 원이 아니라 100억 원이었다면 상황은 어떻게 변할까요? 훈훈한 두 친구의 이야기가 하드코어 액션 스릴러로 바뀌지 않을까요? 게임은 승자를 결정짓지 못한 채 중단되었고 눈앞에 100억 원이 놓인 상황에서 두 친구는 어떤 결정을 내려야 할까요? 한 사람이 죽어야 끝나는 데스 게임이 되지 않으려면 두 친구에게 꼭 필요한 것이 있습니다. 바로 수학이죠.

게임이 중단되었을 경우 상금을 어떻게 나눌지에 대한 문제는 1494년 이탈리아의 수학자 루카 파치올리Luca Pacioli가 쓴 책에 처음 등장합니다. 물론 당시에는 확률론이 정립되기 전이라서 체계적인 해답은 없었어요. 그렇게 시간이 흘러 1654년 프랑스의 작가이자 도박꾼 앙투안 공보Antoine Gombaud가 이 미스터리한 문제를 물리학자이자 수학자인 블레즈 파스칼Blaise Pascal에게 가져갑니다. 파스칼은 '중단된 게임' 이야기가 무척 흥미로웠고 그 즉시 자신이 생각하는 해답을 적어 동시대 수학자 피에르 드 페르마에게 보냅니다. 그때부터 주고받기 시작한 파스칼과 페르마의 편지들은 훗날 확률론 탄생의 밑거름이 되었죠. 확률이 도박장을 떠나 수학의 세계에 들어오게 된 순간입니다.

파스칼이 제시하는 합리적인 방법

중단된 게임에서 상금을 나누는 가장 합리적인 방법은 아마도 게임을 계속했을 때 각자가 이길 확률대로 분배하는 방법일 거예요. 파스칼은 우선 남아 있는 게임에서 A가 이길 확률을 계산했어요. A가 B를 이기는 경우는 크게 3가지가 있지요. 10:7, 10:8, 10:9로 이기는 경우입니다.

A가 이기는 경우의 수.

먼저 10:7로 이길 확률부터 구해 볼까요? 10:7이 되기 위해서는
A가 2점을 얻고 B는 점수를 얻지 못해야 합니다. 즉, 남은 게임에서
2번 모두 동전 앞면이 나와야겠지요. 이 경우의 확률은 앞면이 나올
확률 $\frac{1}{2}$, 다시 또 앞면이 나올 확률 $\frac{1}{2}$을 서로 곱해서 구할 수 있습니다.

	현재 점수	16번째 게임	17번째 게임	최종 점수
경우 1	8:7	앞면(A)	앞면(A)	10:7

경우 1의 확률 $\frac{1}{2} \times \frac{1}{2} = \frac{1}{4}$

같은 방식으로 10:8로 A가 이길 확률도 구할 수 있습니다. 10:8이
되는 경우는 2가지가 있고 확률은 $\frac{1}{4}$입니다.

	현재 점수	16번째 게임	17번째 게임	18번째 게임	최종 점수
경우 1	8:7	앞면(A)	뒷면(B)	앞면(A)	10:8
경우 2		뒷면(B)	앞면(A)	앞면(A)	

엄마의 수학책

$$\text{경우 1의 확률} \quad \frac{1}{2} \times \frac{1}{2} \times \frac{1}{2} = \frac{1}{8}$$

$$\text{경우 2의 확률} \quad \frac{1}{2} \times \frac{1}{2} \times \frac{1}{2} = \frac{1}{8}$$

$$\text{확률 합계} \quad \frac{1}{8} + \frac{1}{8} = \frac{2}{8} = \frac{1}{4}$$

10:9로 A가 이기는 확률도 계산해 보죠.

	현재 점수	16번째 게임	17번째 게임	18번째 게임	19번째 게임	최종 점수
경우 1		앞면(A)	뒷면(B)	뒷면(B)	앞면(A)	
경우 2	8:7	뒷면(B)	앞면(A)	뒷면(B)	앞면(A)	10:9
경우 3		뒷면(B)	뒷면(B)	앞면(A)	앞면(A)	

$$\text{경우 1의 확률} \quad \frac{1}{2} \times \frac{1}{2} \times \frac{1}{2} \times \frac{1}{2} = \frac{1}{16}$$

$$\text{경우 2의 확률} \quad \frac{1}{2} \times \frac{1}{2} \times \frac{1}{2} \times \frac{1}{2} = \frac{1}{16}$$

$$\text{경우 3의 확률} \quad \frac{1}{2} \times \frac{1}{2} \times \frac{1}{2} \times \frac{1}{2} - \frac{1}{16}$$

$$\text{확률 합계} \quad \frac{1}{16} + \frac{1}{16} + \frac{1}{16} = \frac{3}{16}$$

A가 이길 확률은 10:7, 10:8, 10:9가 발생할 확률을 모두 더해서 구합니다.

$$\frac{1}{4} + \frac{1}{4} + \frac{3}{16} = \frac{4}{16} + \frac{4}{16} + \frac{3}{16} = \frac{11}{16}$$

결론적으로 8:7 상황에서 게임이 계속 이어져 A가 이길 확률은 $\frac{11}{16}$, B가 이길 확률은 그 나머지인 $\frac{5}{16}$가 됩니다. 파스칼의 해법으로 보자면 상금은 11:5의 비율로 나눠 가지는 것이 가장 합리적인 결정이지요. 물론 두 친구가 모두 만족할 해법인지는 모르겠지만요.

엄마의 수학책

2장

기댓값
로또 구입보다 신을 믿는 게 더 이득?

과연 신은 존재할까요, 그렇지 않을까요? 신의 존재와 믿음은 참 어려운 주제입니다. 독실한 종교인마저 가끔 시험에 들게 하니까요. 현대 확률론에 크게 이바지했던 블레즈 파스칼은 이 질문에 대해 독특한 주장을 한 것으로 유명합니다. 바로 '파스칼의 내기'라고 불리는 변증론이죠.

수학자 파스칼과 종교인 파스칼

파스칼이 살던 17세기 유럽은 가톨릭교회의 영향력이 무지막지하게 강하던 시절이었어요. 문화, 교육, 철학, 과학 등 모든 분야에 가톨릭교회가 관여했으니까요. 아이들은 학교가 아닌 교회로 공부하러 다녀야 했고 교리에 어긋나는 것들은 배울 수 없었어요. 갈릴레오 갈릴레이가 지동설을 주장했다가 로마의 종교 재판소에 끌려가 호되게 혼나던 시절이었으니까요.

파스칼도 가톨릭의 영향이 큰 시기에 태어났습니다. 하지만 파스칼은 교회의 영향을 조금 덜 받으며 성장할 수 있었어요. 그는 건강이 별로 좋지 않은 탓에 홈스쿨링을 했고 그의 아버지는 자식 교육에 관심이 많았거든요. 파스칼의 아버지, 에티엔 파스칼은 당시 세무국장으로 근무했는데, 유명한 석학들과 연줄이 있을 만큼 잘나가던 사람이었습니다. 그런 아버지 덕에 파스칼은 당시 천재들만 모인다는 메르센학회에 들어갈 수 있었고 데카르트, 페르마와 같은 역사적인 학자들과 교류할 수 있었지요. 머리도 좋은데 환경까지 갖춰지니 파스칼의 영재성은 이내 역사적 업적으로 이어졌습니다.

열세 살부터 유클리드 기하학을 접한 후 열여섯 살에는 '파스칼의 정리'라고 불리는 자신만의 기하학 원리를 만들었어요. 열아홉 살에는 덧셈과 뺄셈이 가능한 최초의 계산기 '파스칼라인'을 발명했습니다. 이미 십 대에 수학자이자 발명가로서 재능을 한껏 보여 주었지요. 그뿐 아니라 물리학에서의 공헌도 남달랐습니다. 21세에 유체의 압력 전달 원리를 실험으로 입증했는데, 그 공로를 인정해 오늘날 압력의 표준 단위(Pa)는 그의 이름을 따서 표기하죠.

그렇게 파스칼은 어려서부터 학자로서의 명성을 차곡차곡 쌓아 나갔습니다. 하지만 20대 초반에 그는 인생과 가치관이 완전히 뒤바뀌는 변화를 겪게 됩니다. 그 변화는 아버지의 낙상 사고로부터 시작되었지요. 어느 겨울날, 아버지 에티엔은 얼음 바닥에 미끄러져 고관절이 골절되는 사고를 당했습니다. 당시 의학 기술로 고관절 골절 치료는 쉽지 않았고 수 개월간 치료가 필요했죠. 이때 아버지를 치료했던 두 의사, 드 라 부틸리에와 델랑드는 얀센주의Jansenism라는 개신교의 신자였어요. 파스칼은 아버지의 치료를 위해 정기적으로 방문하는 부틸리에와 델랑드를 통해 처음으로 종교를 접하게 됩니다.

그 이후 종교에 대한 파스칼의 관심은 점점 커져 급기야 27세에 수학과 과학 연구를 포기하고 종교에 천착하기로 결심합니다. 물론 간간이 수학 연구를 하기도 했지만 그의 삶은 대부분 종교에 치우쳐 있었죠. 그래서 혹자는 파스칼의 종교적 귀의를 안타깝게 생각해요. 유년기에 보여 주었던 그의 천재성을 과학 분야에서 계속 이어 나갔다면 지금보다 더 큰 업적을 이룰 수 있었을 테니까요.

우리가 신을 믿어야 하는 이유

'과연 신은 존재할까?' 신의 존재에 대한 의문은 종교의 영향력이 막대했던 17세기 유럽에서도 똑같았어요. 누구도 신의 존재를 명확히 증명할 수 없으니까요. 파스칼의 생각도 다르지 않았습니다. 다만 신의 존재를 증명하는 것과 신을 믿는 것은 별개의 사안이라고 생각했지요. 그리고 현명한 사람이라면 신의 존재 유무와 상관없이 신을 믿는 것이 합리적 선택이라고 주장했습니다. 이것이 바로 파스칼의 내기입니다.

파스칼의 내기가 유명한 이유는 신을 믿어야 하는 이유를 '기댓값'이라는 통계 기법으로 설명했기 때문이에요. 기댓값은 말 그대로 어떤 확률 과정을 무한히 반복했을 때 기대하는 값입니다. 예를 들어 로또 1장의 기댓값을 생각해 볼 수 있겠죠. 1등에 당첨될 확률은 814만 5060분의 1이고 평균 당첨금이 21억 원이라면 로또 1장의 기댓값은 258원이 됩니다(계산이 쉽도록 1등만 있고 나머지는 모두 '꽝'이라고 가정했습니다).

$$\text{로또 1장의 기댓값} = \text{21억 원} \times \frac{1}{8145060} + \text{0원} \times \frac{8145059}{8145060} \approx \text{258원}$$

결국 로또는 1000원을 주고 기대 수익 258원짜리 종이를 사는 것과 같은 셈이죠. 기댓값의 관점에서 본다면 복권을 사는 것은 그다지 현명하지 못한 결정이 됩니다. 파스칼은 우리가 신을 믿어야 하는 논리를 똑같은 기댓값으로 설명했어요. 신을 믿었을 때의 기댓값, 믿지

믿을 때 이익?   안 믿을 때 이익?

신은 묻지도, 따지지도 않고 받아 준답니다.

엄마의 수학책

않았을 때의 기댓값을 비교해서 합리적 선택을 해야 한다고 주장한 거죠.

그럼 파스칼의 이야기를 계속 들어 볼까요? 우선 신을 믿기로 했을 때의 기댓값을 계산해 보죠. 신이 존재한다는 전제하에 독실한 종교 생활을 했다면 우리는 사후에 천국에서 무한의 행복을 얻을 거예요. 만약 신이 존재하지 않는다고 해도 손해는 제한적이라고 할 수 있겠죠. 교회에 다녔던 시간, 헌금했던 비용 정도만 잃어버릴 테니까요.

반면에 현생에서 신을 믿지 않았다면 사후의 삶은 녹록지 않을 거예요. 지옥에서 무한의 고통을 맛보아야 할 수도 있죠. 다행히 신이 존재하지 않는다면 얻는 것도 잃는 것도 없겠지만 말이죠. 신의 존재를 반반의 확률로 둔다면 각각의 기댓값을 계산해 볼 수 있습니다.

	존재한다 (확률 $\frac{1}{2}$)	존재하지 않는다 (확률 $\frac{1}{2}$)
믿는다	천국에 가서 무한 행복	제한적 손실 (교회 다닌 시간, 헌금 등)
믿지 않는다	지옥에 가서 무한 고통	잃는 것 없음

$$\text{믿을 때 기댓값} = \frac{1}{2} \times \text{무한}(\infty) \text{ 행복} + \frac{1}{2} \times \text{제한적 손실} \approx \text{무한 행복}$$

$$\text{믿지 않을 때 기댓값} = \frac{1}{2} \times \text{무한 고통} + \frac{1}{2} \times 0 \approx \text{무한 고통}$$

파스칼의 계산대로라면 신의 존재를 의심하는 것은 의미가 없어요. 신의 존재와 무관하게 무조건 신앙생활을 하는 것이 현명한 선택이죠.

손해 보지 않거나 후회하지 않는 결정 이론

그런데 파스칼의 내기에는 이런 의문이 있어요. 정말 천국이 모든 사람에게 무한의 행복을 가져다줄까요? 사실 천국이라고 뭐 별것 있을까요? 보기에 민망한 반나체 천사들이 의미 없이 날아다니고, 온종일 몽롱한 클래식 음악을 들으며 삼시세끼 풀만 먹고 살아야 하는 곳이 천국일 수도 있으니까요. 그곳에서 영생을 살다 보면 가끔은 지옥으로 전출을 신청하는 사람들도 있지 않을까요?

어서 와, 이런 천국은 처음이지?

엄마의 수학책

여기서 핵심은 기댓값에 따른 결정에 절대적인 답은 없다는 거예요. 개인이 어디에 더 큰 가치를 두느냐에 따라 기댓값이 달라지니까요. 비슷한 예로 주식 투자를 생각해 볼까요? 주가가 오를지 내릴지 아는 사람은 없겠죠. 하지만 나는 왠지 앞으로 떨어질 것 같은 느낌이 드는데 친구들은 계속 주식을 사는 거예요. 그럼 나도 친구들을 따라 주식을 사야 할까요, 아니면 소신대로 사지 말아야 할까요? 여기서는 어떤 결정 이론이 있을까요?

	오른다 (확률 $\frac{1}{2}$)	내린다 (확률 $\frac{1}{2}$)
주식을 산다	오늘 저녁은 소고기다!	속은 쓰리지만 친구들도 손해라 버틸 만하다
주식을 사지 않는다	괜히 배가 아프다…	우울해진 친구들이 위로해 달라며 밥을 사란다

평소 사돈이 땅을 사면 아랫배가 살살 아프거나 잠자리에서 자주 '이불킥'을 날리는 성격이라면 설령 주가가 떨어질 것 같아도 무조건 친구들을 따라 투자해야 해요. 그렇지 않은 성격이라면 돈을 잃지 않기 위해 다른 선택을 해도 되겠죠.

물론 주식 투자 이야기는 우스갯소리예요. 하지만 삶에서 마주하는 기댓값 문제들은 이와 비슷한 경우가 많아요. 시험 문제처럼 정해진 확률과 정량화된 기댓값이 주어지는 경우는 찾아보기 힘들죠. 늘 반반의 확률 앞에서 자신의 가치를 어디에 두느냐에 따라 너무도 다양한 선택지가 있으니까요. 인생에는 자신이 무엇을 원하는지, 어떤 성향의 사람인지 깊은 고민 없이는 절대 풀 수 없는 기댓값 문제들로 즐비하답니다. 이처럼 결정 이론을 알아 가다 보면 학창 시절 기댓값 계산은 잘했더라도 정작 인생의 선택에서 망설이고 있지는 않은지 새삼 되돌아보게 되네요.

3장

평균의 함정
진실을 왜곡하는 사악한 수단

우리는 실생활에서 다양한 통계치를 이용합니다. 맛집을 평가하는 별점, 아이들 성적표의 평균 점수, 건강 검진표의 수치들, 다양한 설문 조사 결과 등 통계는 늘 우리 주변에 있고 어렵지 않게 접할 수 있지요. 숫자로 보이는 통계치들은 왠지 더 믿음이 가기 때문에 우리의 선택에 큰 영향을 주기도 합니다. 그런데 그 통계가 여러분을 속이고 있는 거라면 어쩌시겠어요?

부분과 전체가 다른 심슨의 역설

한 홈쇼핑 프로그램의 쇼호스트가 흥분된 목소리로 이렇게 제품 소개를 하고 있습니다. "저희 A 제품은 실구매자를 대상으로 한 만족도 조사에서 작년에도! 그리고 재작년에도! 모두 타사 제품보다 높은 만족도를 보였답니다. 실구매자들의 평가니까 확실하겠죠? 소비자가 선택한 A 제품! 구매를 원하신다면 지금 당장 눌러 주세요! 1588-○○○○!"

쇼호스트가 보여 준 화면에는 확연하게 A 제품의 만족도가 타사 제품 대비 높았습니다. 게다가 실구매자들의 평가라니 더 믿을 수 있겠죠? 같은 값이라면 당연히 A 제품을 사야겠습니다.

실구매자 만족도 조사 결과		
구분	작년	재작년
A 제품	80%	65%
타사 제품	75%	60%

그런데 말이에요. 실제로는 A 제품이 아닌 타사 제품의 만족도가 더 높았다면 어떨까요? 그럼 쇼호스트가 거짓말을 한 거냐고요? 아니, 쇼호스트가 보여 준 자료에는 전혀 거짓이 없습니다. 2년 연속 A 제품을 구매한 사람들의 만족도가 더 높았던 것도 사실이에요. 그래도 실제는 타사 제품을 구매한 사람들의 만족도가 더 높았습니다. 모순되는 이야기죠?

하지만 작년과 재작년의 조사 결과를 합해서 만족도 조사를 하면 전혀 다른 결과가 나옵니다.

엄마의 수학책

제품	구분	작년	재작년	합계
A 제품	구매한 사람(명)	80	200	280
	만족한다고 답한 사람(명)	64	130	194
	만족도	80%	65%	69%
타사 제품	구매한 사람(명)	300	60	360
	만족한다고 답한 사람(명)	225	36	261
	만족도	75%	60%	73%

작년과 재작년 A 제품에 대한 만족도는 각각 80%, 65%로 타사 제품보다 높은 수치였지만 2년 치의 조사 결과를 모두 합해서 만족도 조사를 하면 타사 제품 만족도가 73%로 A 제품의 만족도 69%보다 높게 나타납니다. 이게 어찌된 걸까요?

이것을 심슨의 역설Simpson's paradox이라고 합니다. 데이터를 부분적으로 봤을 때 나타나는 경향성이, 전체 데이터로 봤을 때에는 오히려 반대로 나타나는 현상을 말하죠. 실제로 심슨의 역설은 사회과학 분야에서 심심치 않게 나타나며 가끔은 진실을 왜곡하는 사악한 수단이 되기도 합니다.

평균의 함정에 빠지면 패배만이 있을 뿐

한 장군이 전투를 치르며 이동하던 중 곧게 뻗은 강을 만납니다. 장군은 조바심이 들었습니다. 지금 강을 건너면 도망치는 적의 퇴로를 확실하게 차단하여 전투를 승리로 이끌 수 있거든요. 다급한 장군은 지역 주민에게 강의 깊이가 어느 정도인지 물었습니다. 주민은 장군에게 평균 수심이 약 1.5미터라고 답했지요. 장군의 눈이 번뜩였습니다. 1.5미터 정도라면 군사들이 걸어서 도강할 수 있고 전투도 승리로 마무리할 수 있겠다고 생각한 거죠. 장군은 흥분된 목소리로 군사들에게 외쳤습니다. "전군! 강을 건너 적의 퇴로를 차단하라!"

하지만 강바닥은 장군의 생각과 전혀 달랐어요. 평균 수심이 1.5미터라는 건 사실이었지만 전체가 1.5미터로 고르지는 않았던 거죠. 실제 강바닥은 너무 들쑥날쑥해서 깊이가 최대 3미터가 넘는 곳도 있었습니다. 군사들은 강에 빠져 익사하거나 젖은 총을 들고 퇴각할 수

수포자 장군이 기대했던 강바닥.

엄마의 수학책

밖에 없었죠. 장군의 실수는 무엇이었을까요?

주민이 알려 준 것은 강바닥의 평균적인 깊이였어요. 강의 깊이가 전체적으로 고른지, 아니면 들쑥날쑥한지 말해 주지는 않았죠. 하지만 장군은 평균값만 듣고 전체적인 강바닥의 모습을 속단하는 실수를 저질렀습니다. 이처럼 평균은 가장 보편적으로 사용하는 대푯값이지만 데이터의 분포까지 보여 줄 수 없다는 한계가 있습니다. 이것을 평균의 함정이라고 하지요.

4장

분산과 표준편차
불확실한 세상을 설명하는 숫자

오늘은 왠지 수제 햄버거가 당기는군요. 배달 앱을 켜고 평점이 가장 좋아 보이는 가게에 더블 치즈버거를 주문합니다. 몇 분 지나지 않아 초인종이 울리네요. 한달음에 달려 나가서 따끈한 버거를 손에 들고 식탁에 앉습니다. 포장지 사이로 스며 나오는 고기 냄새 때문에 가슴이 설레는 순간이지요. 크게 한 번 심호흡하고 경건한 마음으로 버거를 한입 베어 뭅니다. 앗, 그런데 뭔가 이상해요. 맛집이라고 하기에는 고기가 너무 퍽퍽하고 빵도 눅눅하니까요.

다시 배달 앱을 열어 평점들을 일일이 확인해 보고서야 그 이유를 알았습니다. 고객들의 점수 기복이 심한 거였어요. 대체로 평가가 좋기는 했지만, 간혹 매우 낮은 평가도 눈에 띄었습니다. 주방장의 그날 기분에 따라 맛이 왔다 갔다 하나 봐요.

평균만으로 볼 수 없는 데이터의 분포는 어떻게 알 수 있을까요?

극과 극의 별점 분포.

별점으로 익숙한 점그래프

데이터의 분포를 보여 주는 가장 쉬운 방법은 점그래프를 이용하는 거예요. 다시 맛집의 별점을 예로 들게요. 고객들은 별 1개(★)부터 5개(★★★★★)까지 총 5점으로 별점을 매길 수 있습니다. A 가게와 B 가게 모두 총 10명의 고객이 점수를 매겼고 평균은 3점으로 같았습니다.

A 가게 별점	B 가게 별점
1, 1, 2, 2, 3, 3, 4, 4, 5, 5	2, 2, 3, 3, 3, 3, 3, 3, 4, 4
평균 점수 3	평균 점수 3

고객들이 준 별점을 점그래프로 그리면 그 분포를 한눈에 볼 수 있죠.

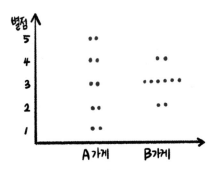

별점 분포를 점그래프로 다시 보자.

두 가게 모두 평균은 같지만 A 가게는 1점부터 5점까지 별점이 넓게 분포하고 B 가게의 별점은 대체로 평균에 가깝게 분포하는군요.

정보 전달이 수월한 도수분포표

점그래프는 데이터의 분포를 가장 직관적으로 볼 수 있는 방법이지만 기록하기는 쉽지 않아요. 맛집을 추천해 달라는 친구에게 일일이 점을 찍어 가며 설명할 수는 없으니까요. 그림보다는 숫자로 흩어진 정도를 표현하는 것이 정보 전달에 더 수월할 수 있습니다. 그래서 만든 것이 도수분포표예요. 점그래프의 세로축을 일정 간격으로 나눈 후 그 범위 안에 있는 점들을 세어 숫자로 표현하는 방법이지요.

엄마의 수학책

이렇게 일정 간격으로 나누는 것을 '계급을 나눈다'라고 하고, 계급 범위 안에 있는 점들을 센 것이 '도수'예요.

계급	도수(명)	
	A 가게	B 가게
4 초과 5 이하	2	0
3 초과 4 이하	2	2
2 초과 3 이하	2	6
1 초과 2 이하	2	2
1 이하	2	0
합계	10	10

데이터 분포를 한눈에 보여 주는 분산

그런데 수학자들은 점그래프도, 도수분포표도 마뜩잖았어요. 그래프도, 도표도 그리기 귀찮았던 거죠. 그냥 숫자 하나만으로 데이터가 어떻게 분포하는지 표현하는 방법은 없을까요?

그래서 탄생한 것이 분산이에요. 흩어진 정도를 숫자 하나로 표현하는 방법이지요. 분산 값이 크면 데이터의 분포가 넓은 것이고, 분산 값이 작으면 데이터가 평균에 가깝게 분포한다고 해석할 수 있지요. 분산을 계산하는 방법은 크게 3단계로 나눌 수 있습니다.

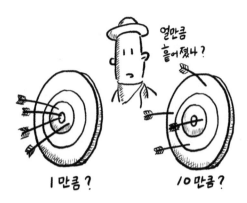

누가 눈을 감고 쐈나?

1단계: 평균에서 얼마나 떨어져 있는가?

데이터 분포가 넓은지 좁은지 판단하기 위해서는 어떤 기준점이 필요합니다. 기준점으로부터의 거리를 이용해 분포를 설명하기 위함이죠.

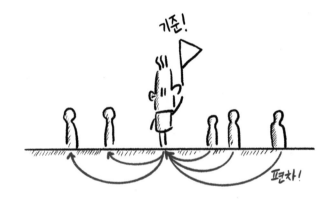

평균을 기준으로 삼으면 분포를 알 수 있다.

우리는 기준점으로 평균을 사용할 거예요. 평균에서 데이터들이 멀리 떨어져 있다면 분포가 넓은 것이고, 가깝게 붙어 있다면 분포가 좁다고 판단할 수 있죠. 수학 용어로 각 데이터는 '변량'이라고 부르며 변량에서 평균을 뺀 값을 '편차'라고 합니다.

편차 = 변량 - 평균

A 가게			B 가게		
변량	평균	편차 (변량-평균)	변량	평균	편차 (변량-평균)
1		-2	2		-1
1		-2	2		-1
2		-1	3		0
2		-1	3		0
3	3	0	3	3	0
3		0	3		0
4		1	3		0
4		1	3		0
5		2	4		1
5		2	4		1

편차는 변량이 평균에서 얼마나 떨어져 있는지 알기 위해 계산한

값이에요. 그런데 한 가지 눈에 거슬리는 게 있습니다. 편차 중에 음수도 있거든요. 우리가 알고 싶은 것은 변량이 평균에서 떨어진 거리예요. 그러니 음의 기호는 필요 없겠죠? 어떻게 음의 기호를 없앨 수 있을까요?

2단계: 제곱해서 음의 기호 없애기

음의 기호를 떼는 가장 쉬운 방법은 절댓값이에요. 절댓값은 양수는 그대로, 음수는 양수로 바꿔 주는 효과가 있거든요.

평균에서 떨어진 정도 = | 편차 |

의외로 간단하죠? 그런데 안타깝게도 수학자들은 음의 기호를 제거하는 방법으로 절댓값을 사용하지 않았어요. 수학자들이 선택한 방법은 편차를 제곱하는 것이었죠. 제곱하면 반드시 0 또는 양수가 되니까 마찬가지로 음의 기호를 제거하는 방법이 될 수 있었죠.

평균에서 떨어진 정도 = 편차^2

A 가게			B 가게		
변량	편차	편차^2	변량	편차	편차^2
1	-2	4	2	-1	1
1	-2	4	2	-1	1
2	-1	1	3	0	0
2	-1	1	3	0	0
3	0	0	3	0	0
3	0	0	3	0	0
4	1	1	3	0	0
4	1	1	3	0	0
5	2	4	4	1	1
5	2	4	4	1	1

이 부분에서 많은 학생이 헷갈립니다. 절댓값이라는 간단한 방법을 두고 왜 굳이 제곱을 하냐는 거죠. 하지만 절댓값은 0 또는 양수가 들어가면 그 값 그대로, 음수가 들어가면 −1을 곱해서 산출하는 논리 함수예요. 산술적인 방법이 아니죠. 수학자들은 복잡한 논리 함수까지 끌어들여 분산의 정의를 만들고 싶지는 않았던 모양이에요.

3단계: 제곱의 평균으로 숫자 하나로 나타내기

우리는 각 변량이 평균으로부터 얼마나 떨어져 있는지를 알아보기 위해 편차를 구하고 제곱을 했습니다. 이제 남은 일은 계산된 편차^{2}들을 하나의 숫자로 표현하는 거예요. 간단하게 편차^{2}들을 모아 평균을 내면 되겠군요.

분산=편차^{2}의 평균							
A 가게				B 가게			
변량	편차	편차^2	분산	변량	편차	편차^2	분산
1	-2	4		2	-1	1	
1	-2	4		2	-1	1	
2	-1	1		3	0	0	
2	-1	1		3	0	0	
3	0	0	2	3	0	0	0.4
3	0	0		3	0	0	
4	1	1		3	0	0	
4	1	1		3	0	0	
5	2	4		4	1	1	
5	2	4		4	1	1	

A 가게의 분산은 2, B 가게의 분산은 0.4가 나왔네요. 예상했던 대로 변량의 분포가 넓었던 A 가게의 분산이 더 크게 계산되었습니다.

엄마의 수학책

변량 분포를 확인할 수 있는 분산과 표준편차

앞으로 우리는 분산 값 하나로 변량이 얼마나 흩어져 있는지 가늠해 볼 수 있게 되었습니다. 하지만 또 한 가지 거슬리는 점이 있어요. 편차를 제곱하다 보니 변량과 분산의 단위가 서로 달라진 거예요. 예를 들어 변량의 단위가 미터(m)라면 분산은 미터의 제곱(m^2)이 되고, 변량이 초(sec)라면 분산의 단위는 초의 제곱(sec^2)이 되었거든요. 음의 기호 하나 떼자고 제곱을 했더니 단위가 서로 맞지 않게 되는 부작용이 생긴 것입니다.

수학자들은 고민했어요. 지금이라도 분산의 정의를 바꿔 제곱이 아닌 절댓값을 써야 할지 말이에요. 하지만 이미 뱉은 말이 있는데 어쩌겠어요. 수학자들은 분산에 제곱근을 씌워서 변량과 단위를 맞춘 새로운 통계치를 제안했습니다. 이것이 바로 표준편차랍니다.

표준편차 = $\sqrt{분산}$					
A 가게			**B 가게**		
평균	분산	표준편차	평균	분산	표준편차
3(점)	2(점^2)	$\sqrt{2}$ (점)	3(점)	0.4(점^2)	$\sqrt{0.4}$ (점)

복잡하게 생각할 것 없습니다. 변량의 분포를 보여 준다는 점에서 분산이나 표준편차나 목적은 같으니까요.

평균은 기대치, 분산은 불확실성

평균과 분산은 다른 의미로 '기대치'와 '불확실성'으로 해석할 수 있어요. 다시 두 맛집의 경우를 예로 들어 보겠습니다. A 가게와 B 가게 모두 평균 별점은 3점이었어요. 그 뜻은 우리가 두 가게에서 기대하는 음식 맛이 3점이라는 의미죠.

그런데 분산이 큰 A 가게는 변량의 분포가 넓어서 맛도 복불복이에요. 3점짜리 맛을 기대했지만 어느 날은 5점짜리 맛을, 어느 날은 1점짜리 맛을 봐야 할 수도 있거든요. 반면에 분산이 작은 B 가게는 예상했던 맛에서 크게 벗어나지 않을 가능성이 높아요. 따라서 분산은 기대하는 정도(평균)에 대한 '불확실성'으로 정의할 수 있습니다.

평균과 분산을 설명하면서 은행 적금과 주식을 비교해 볼 수 있어요. 은행 적금은 기대 수익률에 대해 불확실성이 극히 낮은 투자 방법이에요. 전쟁이 나거나 은행이 망하지 않는 이상 약속했던 적금 이율만큼 돌려받을 수 있으니까요. 기대 수익률은 낮지만 분산도 극히 낮아서 그만큼 안심할 수 있죠. 반면에 주식 투자는 은행보다 높은 기대 수익률에 대해 불확실성도 높은 투자 방법이에요. 대체로 주식 투자의 기대 수익률은 연평균 7% 정도입니다. 분산이 매우 높아서 내 주식 계좌는 시퍼렇게 물들 수도 있는 거죠.

정리하면 평균은 기대하는 정도이며 분산은 불확실성에 대한 위험이라고 말할 수 있어요. 따라서 분산의 선택은 지극히 개인의 선호

엄마의 수학책

도에 따라 달라요. 위험과 불확실성을 즐기는 화끈한 성격이라면 분산이 큰 선택을 하면 되고, 안정적이고 기대에서 벗어나지 않는 것을 좋아한다면 분산이 작은 선택을 하면 되는 거죠. 여러분은 분산이 큰 것을 좋아하시나요, 아니면 작은 것을 좋아하시나요?

그냥 은행에나 넣어 둘걸…

5장

상관관계
통계 너머 진실을 보는 통찰

가끔 인터넷 뉴스를 보면 흥미로운 연구 결과들이 눈에 들어옵니다.

> "아플 때 욕을 하면 기분이 좋아진다"
>
> "미인 중에는 잠꾸러기가 많다"
>
> "술을 마시면 이성이 멋져 보인다"

도대체 이런 연구는 어디에서 진행하는지 모르겠지만 확실한 것은 모두 상관관계라는 통계 기법을 사용하고 있다는 점이에요.

산점도로 살펴보는 상관관계의 경향

　상관관계는 두 변량 사이의 관계를 보여 주는 통계 기법이에요. 예를 들어 기온과 아이스크림의 판매량, 인구와 교통량, 환율과 수출 증가율 등 서로 다른 변량 사이에 어떤 관계가 있는지 알아보는 데 사용되죠. 상관관계를 확연히 볼 수 있는 방법은 역시 그림으로 그려 보는 산점도입니다. 2개의 변량을 가로세로 축에 각각 배치하고 점을 찍어 일정한 경향성이 드러나는지 보는 거죠.

　예를 들어 기온이 오를수록 아이스크림 판매량이 증가한다면 점들은 우상향하는 형태로 분포할 거예요. 반면에 호빵 판매량은 기온이 높아질수록 줄어들 테니 점의 분포는 우하향하는 모양이 되겠죠.

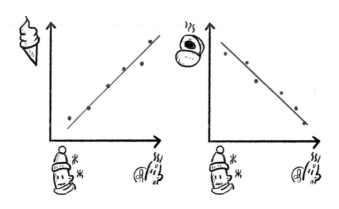

계절에 따른 아이스크림과 호빵의 판매 추이.

　기온과 아이스크림 판매처럼 하나의 변량이 증가할 때 다른 하나의 변량도 증가하는 경우를 '양의 상관관계'라고 하고, 그 반대의 경우는 '음의 상관관계'라고 합니다. 물론 두 변량의 분포에 뚜렷한 경향성이 보이지 않을 수도 있어요. 이 경우 '상관관계가 없다'라고 말합니다.

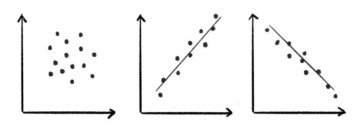

상관관계 없음 vs. 양의 상관관계 vs. 음의 상관관계.

세부적으로는 약한 상관관계와 강한 상관관계가 있기도 해요. 추세가 명확하게 보이는 경우 강하다고 표현하고, 대략의 경향만 보여준다면 약하다고 표현하는 거죠.

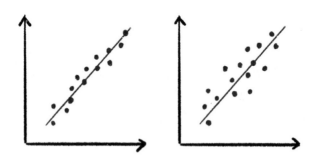

강한 양의 상관관계 vs. 약한 양의 상관관계.

상관관계와 인과 관계는 엄연히 다르다

이 정도까지가 중학교 과정에서 배우는 상관관계입니다. 상관관계는 꽤 직관적인 통계 기법이기 때문에 누구나 쉽게 이해할 수 있죠. 하지만 상관관계에도 무시하지 못할 함정이 숨어 있습니다. 바로 상관관계를 인과 관계로 오인하는 경우예요. 예를 들어 봅시다.

여기 2개의 그래프가 있습니다. 왼쪽 그래프는 2013년부터 2020년까지 '1인당 연간 평균 근로 시간'이고, 오른쪽 그래프는 같은 기간 우리나라의 '범죄 발생 건수'입니다. 두 변량 모두 해가 갈수록 감소하는 경향을 보여 주는군요.

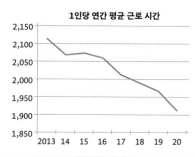

1인당 연간 평균 근로 시간 vs. 범죄 발생 건수							
	2013	**2014**	**2015**	**2016**	**2017**	**2018**	**2019**	**2020**
1인당 연간 평균 근로 시간	2,106	2,076	2,083	2,068	2,018	1,993	1,967	1,908
범죄 건수	1,857,276	1,778,966	1,861,657	1,849,450	1,662,341	1,580,751	1,611,906	1,587,866

산점도를 그려 보면 두 변량의 관계가 더욱 분명하게 드러납니다. 범죄 발생 건수를 가로축으로, 1인당 연간 근로 시간을 세로축으로 하여 산점도를 그리면 우상향하는 양의 상관관계를 볼 수 있거든요.

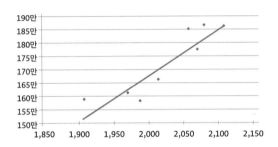

그렇다면 사람들은 잦은 야근으로 범죄를 더 많이 저지르는 걸까요? 물론 야근이 많으면 울화통이 치밀기도 하죠. 하지만 그것만으로 강력 범죄, 절도, 사기, 도박, 풍속 범죄 등 다양한 종류의 범죄가 일어나는 현상을 설명할 수 없습니다. 누가 봐도 억측이지요.

상관관계는 그저 두 변량 간의 경향성을 보여 줄 뿐이에요. 상관관계가 있다는 사실만으로 어떤 하나의 변량이 다른 변량의 원인이라고 단정을 지어서는 안 됩니다. 잘못하면 그릇된 믿음의 씨앗이 될 수 있거든요.

엄마의 수학책

상관관계를 왜곡하는 호손 효과

1900년대 초 미국은 산업화가 활발하게 일어나는 시기였어요. 찰리 채플린의 영화에 등장하는 컨베이어 벨트가 물건을 대량 생산하기 시작하면서 생산성이 기하급수적으로 증가했죠. 놀라운 생산성 증가에 재미를 본 기업들은 어떻게 하면 생산성을 더 끌어올릴 수 있을지 고민했습니다.

미국의 한 제조업체인 호손웍스Hawthorn Works도 마찬가지였어요. 호손웍스는 작업장의 조명이 생산성에 영향을 미친다고 생각하고 몇 가지 실험을 했습니다. 조명의 위치, 밝기 등을 다양하게 바꿔 가며 생산성에 차이가 있는지 조사했죠. 결과는 어땠을까요? 호손웍스는 조명과 생산성은 서로 관련이 없다고 결론을 내렸습니다. 침침한 조명 아래서나 밝은 조명 아래서나 생산성은 별다른 차이를 보이지 않았거든요.

하지만 나중에 이 실험에는 오류가 있었다고 밝혀졌어요. 조명과 생산성에 관한 연구를 의뢰받은 조사관이 공장 곳곳을 돌아다니면 근로자들은 감시를 받고 있다는 생각 때문에 평소보다 더 열심히 일했던 거죠. 조명과 상관없이 말이에요. 그 이후로 자신이 타인에게 주목받는다고 생각될 때 행동의 교정이 일어나는 현상을 '호손 효과'라고 부르게 되었습니다.

이처럼 상관관계는 보이지 않는 제3의 요인에 의해 왜곡될 수 있

엄마는 모르는 호손 효과 발생!

습니다. 그러므로 산점도만으로 숨은 진실을 알아내기란 매우 힘들죠.

통계 너머의 진실을 보는 눈

우리는 통계에 대해 왠지 모를 믿음이 있습니다. 아무래도 두루뭉술한 표현보다 숫자와 그래프가 주는 신뢰감이 있으니까요. 하지만 통계는 생각만큼 정직하지 않을 수 있어요. 비록 숫자라는 정교한 도구를 사용하지만 결국 통계치도 사람이 만드는 거니까요. 통계를 만든 사람의 의도, 모수의 선정 방법, 조사의 방식과 환경 등에 따라 통계에는 어떤 오류나 의도가 숨어 있을 수 있습니다.

우리가 통계를 배우는 이유가 바로 여기에 있어요. 통계를 단순히 평균이나 분산, 확률 계산을 잘하기 위한 것으로 착각해서는 안 됩니다. 수학 시간에 배우는 통계는 반쪽짜리 지식에 불과해요. 진정한 통계 공부는 사람에 대한 이해에서 출발하거든요. 사람을 만나고 대화를 나누고 책과 여행을 통해 생각의 폭을 넓혀 나갈 때 비로소 통계 안에 숨은 진실이 하나둘 보이게 되죠.

꼭 통계만이 아니라 다른 수학도 마찬가지예요. 수학은 그저 논리적 사고의 방법이며 지식을 받아들이는 수단일 뿐 그 이상도, 이하도 아닙니다. 인생을 살며 필요한 것은 수학 그 자체가 아니라 수학을 통해 배운 합리적 사고를 삶에 접목하는 지혜예요. 그리고 그 지혜는 오롯이 우리 아이들이 스스로 몸과 마음으로 체득해야 할 영역이겠지요.

그런 의미에서 부모가 할 수 있는 것은 매우 한정적입니다. 수학 점수와 행복한 삶은 그다지 상관관계가 없다는 믿음을 가지고 학업에 지친 우리 아이들을 따뜻한 품으로 안아 주는 것뿐이죠. 어쩌면 그것만으로도 부모의 역할을 다했다고 볼 수 있지 않을까요?

수학이라는 풀장에서
겁내지 않고 풍덩 뛰어들기

저와 남편은 발리로 신혼여행을 떠났습니다. 중앙에는 너른 바다를 볼 수 있는 큰 풀장이 있었지요. 남편과 저는 비치 의자에 누워 시원한 스무디를 마시며 순간의 행복을 온전히 즐기고 있었어요. 그러다가 남편이 수영을 하겠다며 풀장으로 들어가더군요. 그러고는 풀장을 가로질러 자유형을 시작했습니다. 입으로 "음파, 음파" 숨을 내쉬고 물을 첨벙첨벙 튀기면서 말이죠. 함께 풀장에 있던 외국인들의 모습과 너무 대비된다고 생각했습니다. 다른 외국인들은 물을 즐기며 유영하다가 힘들면 잠시 물 위에 몸을 띄워 하늘을 보았거든요. 그 모습이 너무 자연스럽고 평화로웠습니다. 반면에 남편은 누가 쫓아오는 것도 아닌데 전력을 다해 자유형으로 풀장의 양 끝을 오갔습니다. 남편은 물에서 노는 법보다 자유형을 먼저 배운 거예요.

우리 수학 교육 현실이 딱 이런 것 같습니다. 아이들은 물과 친해질 시간도 없이 수영장 건너편에서 초시계를 들고 기다리는 어른들만 본 거죠. 엄마의 표정에서 초조함을 읽기 시작하면 덜컥 겁이 나기도 합니다. 나름 이를 악물고 노력하지만 수영 기록은 크게 나아지지 않아요. 이런 경험을 한 아이들은 졸업 이후 다시는 수영장을 찾지 않을 거예요. 우리가, 엄마들이 수학을 다시 찾지 않는 것과 같은 이치죠.

하지만 수학 교사로서 작은 바람이 있다면 자유형 선수가 되지 못했다 하더라도 최소한 물가를 떠나지 않았으면 하는 거예요. 수영 기록이 좋지 않다고 물놀이의 즐거움마저 잃어버릴 필요는 없으니까요. 점수에 연연하지 않고 수학이 주는 메시지에 마음을 열 수 있는 여유가 있는 아이들이 되었으면 좋겠습니다. 또한 그것이 학교의 수학 교육이 나아가야 할 방향이 아닐까요?

이 책이 작은 변화의 시작이 되기를 희망합니다.